Langenschei

Da steppt der Bär

**Bildhaft sprechen mit
222 deutschen Redewendungen**

von Natascha Borota

Langenscheidt

München · Wien

Bildnachweis:
Shutterstock: Andrey_Kuzmin – S. 6; yykkaa – S. 6; 5 second Studio – S. 19;
Sharnikau Uladzimir – S. 19; rotsukhon lam – S. 30; Peter Vanco – S. 31;
bergamont – S. 44; mangpor2004 – S. 56; Andris Tkacenko – S. 56; Nerthuz –
S. 68; ronstik – S. 68; Maxx-Studio – S. 69; Evgeny Karandaev – S. 69; Alexey
Seafarer – S. 82; Kotomiti Okuma – S. 82; Gts – S. 94; Nikulina Tatiana – S. 94;
Vladitto – S. 94; Torsak Thammachote – S. 106; DenisNata – S. 107; martin951 –
S. 120; Somchai Som – S. 126

Da steppt der Bär
Herausgegeben von der Langenscheidt-Redaktion

Projektleitung: Dr. Heike Pleisteiner, Julia Zweigle
Autorin: Natascha Borota
Lektorin: Jany Milena Schneider
Layout: Volk Agentur + Verlag
Illustrationen Cover und Innenteil: Frank Cmuchal
Corporate Design Umschlag: KW43 BRANDDESIGN, Düsseldorf

www.langenscheidt.com

© 2018 Langenscheidt GmbH & Co. KG, München
Satz: Volk Agentur + Verlag, München
Druck und Bindung: Druckerei C. H. Beck, Nördlingen

ISBN 978-3-468-43129-6

18010

Vorwort

Verstehen Sie nur Bahnhof, wenn Deutsche sich unterhalten? Wundern Sie sich, warum Ihre Kollegin sagt, dass sie einen Kater hat, aber gar kein Haustier besitzt? Und möchten Sie beim Deutschlernen endlich Land sehen?
Dann haben Sie den ersten Schritt schon getan: Sie halten das richtige Buch in der Hand!

Muttersprachler sprechen häufig in Bildern. Solche bildhaften Ausdrücke, sogenannte idiomatische Redewendungen, sind feste Wendungen, die man nicht wörtlich, sondern nur im übertragenen Sinn verstehen kann. Die gibt es zwar in jeder Sprache, doch häufig sind die genutzten Bilder sehr unterschiedlich, da sie in der Regel kulturell geprägt sind. Während Deutsche zum Beispiel „einen Frosch im Hals haben", wenn sie vorübergehend heiser sind, ist es bei Franzosen eine Katze.

Wir haben für Sie die 222 gebräuchlichsten Ausdrücke zusammengestellt und thematisch geordnet. So können Sie jederzeit eine Wendung gezielt nachschlagen, lernen oder sich inspirieren lassen. Zu jeder Redewendung finden Sie Erklärungen und Synonyme sowie einen Beispielsatz oder -dialog. Sie verstehen so das Bild, das im Deutschen verwendet wird, und können es selbst besser anwenden.

Nicht genug? Dann schauen Sie sich unsere Zusatzinformationen an. Zu jedem Themengebiet gibt es Infofenster über *Falsche Freunde* 👀 und *lustige Missverständnisse bzw. Fettnäpfchen* 😵, die durch mögliche falsche Verwendungen entstehen können. Besonders *umgangssprachliche Ausdrücke* sind extra gekennzeichnet (ugs.) .

Und noch etwas: Natürlich kommt bei bildhafter Sprache auch das Auge nicht zu kurz. Jedes Kapitel beginnt mit einem doppelseitigen Bild, zusätzlich ist eine Redewendung jedes Themengebietes illustriert. Am Kapitelende finden Sie auf zwei Seiten einen kleinen Test zu den gelernten Wendungen – ein bisschen Ernst muss bei allem Spaß ja auch sein!

Die Lösungen dazu sowie ein alphabetisches Register finden Sie am Ende des Buches.

Jetzt wünschen wir Ihnen viel Spaß mit unseren Redewendungen!

Packen Sie's an und bleiben Sie am Ball!

Inhaltsverzeichnis

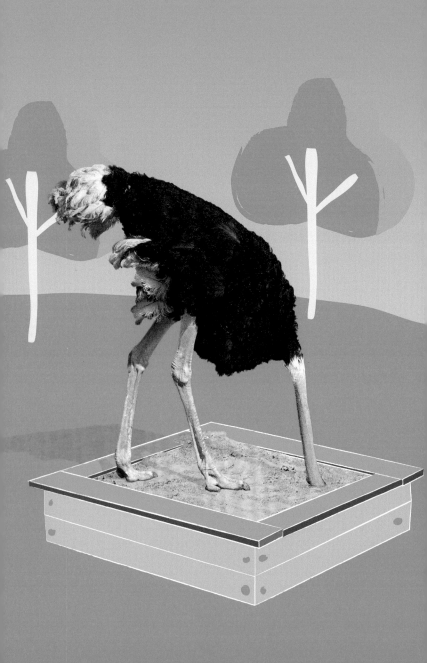

Reine Kopfsache

den Kopf in den Sand stecken
die Augen vor der Realität verschließen

den Kopf in den Sand stecken

die Realität nicht wahrhaben / nicht sehen wollen, die Augen vor der Realität verschließen

„Hast du mit Paul über das Problem gesprochen?"
„Ich habe es versucht, aber er will nichts davon wissen und steckt lieber den Kopf in den Sand. Auf Dauer wird das aber sicherlich nicht gut gehen – er wird sich dem Problem stellen müssen."

den Kopf verlieren

die Ruhe / die Fassung verlieren

Auch wenn man viel Stress hat, darf man nicht gleich den Kopf verlieren. Vielen Leuten hilft es, sich in stressigen Tagen einen Plan zu erstellen und einen Punkt nach dem anderen abzuarbeiten.

den Nagel auf den Kopf treffen

den Kern einer Sache erkennen, eine Sache genau benennen / auf den Punkt bringen

Der Vortrag der Dozentin war hervorragend. Er war kurz und verständlich – sie hat den Nagel auf den Kopf getroffen.

ein Brett vor dem Kopf haben

die einfachsten Dinge nicht verstehen/erkennen/kapieren

Ich hatte mich so gut auf die Prüfung vorbereitet, aber als ich die Aufgaben vor mir hatte, fiel mir nichts mehr ein. Ich hatte einfach ein Brett vor dem Kopf!

einen kühlen Kopf bewahren

nicht nervös werden; die Übersicht behalten

Morgen kommen 90 Gäste zum Geburtstag meiner Mutter. Da gibt es viel zu organisieren, und wir müssen alle einen kühlen Kopf bewahren, damit die Feier nicht im Chaos endet.

Zweideutigkeit mit Folgen

Geht es Ihnen auch manchmal so, dass Sie sich auf etwas bestens vorbereitet haben, aber im entscheidenden Moment will Ihnen das Gelernte einfach nicht mehr einfallen? Dann haben Sie ein *Brett vor dem Kopf*. Seien Sie aber vorsichtig bei der Verwendung dieser Redewendung. Wenn Sie es zu jemand anderem sagen, kann es auch bedeuten, dass Sie an der Intelligenz des anderen zweifeln ...

9

etwas auf den Kopf hauen

Geld für Vergnügungen und Shopping ausgeben

„Sollen wir uns heute Abend treffen?"
„Ja, lass uns in die Kneipe gehen. Ich habe 50 Euro
geschenkt bekommen. Die können wir auf den Kopf
hauen!"

etwas steigt einem zu Kopf

jemand wird durch etwas eingebildet/übermütig

„Hast du mal wieder was von Max gehört?"
„Ich habe mal kurz mit ihm telefoniert. Seitdem er
diesen neuen Job als Abteilungsleiter hat, hat er für mich
gar keine Zeit mehr. Er kommt auch nicht mehr in die
Kantine, sondern geht ins teure Restaurant nebenan.
Der Erfolg ist ihm offenbar zu Kopf gestiegen.

Hals über Kopf

überstürzt, sehr eilig, ohne Überlegung und vorherige
Planung; sich verlieben: schnell und heftig

Als er von den Schwierigkeiten in seiner Firma erfuhr,
ist er Hals über Kopf von seinem Urlaubsort abgereist.
Die Firma ist ihm wirklich sehr wichtig.

jemandem den Kopf verdrehen

jemanden so verliebt machen, dass er oder sie sich nicht mehr normal verhält

Nico ist total verliebt in Lisa. Er geht sogar mit ihr joggen, obwohl er Sport noch nie mochte. Sie hat ihm gehörig den Kopf verdreht.

jemandem den Kopf waschen

jemanden scharf zurechtweisen, jemandem gründlich seine Meinung sagen

Letzte Woche hat Timo einen Kollegen wegen einer Kleinigkeit verpetzt. Wegen seines unkollegialen Verhaltens wurde ihm von seinem Vorgesetzten ordentlich der Kopf gewaschen. Hoffentlich hat Timo verstanden, dass man so etwas nicht macht.

Aufgepasst!

Zugegeben: *Etwas auf den Kopf hauen* klingt nicht gerade friedlich. Sie schlagen aber niemanden und sind nicht gewalttätig, sondern haben einfach nur ein bisschen Geld übrig und wollen sich damit eine schöne Zeit machen. Auf gar keinen Fall sollten Sie die Redewendung mit *jemandem eine runterhauen* verwechseln, denn das würde bedeuten, jemanden tatsächlich zu schlagen …

11

jemandem die Haare vom Kopf fressen

oft und viel bei jemandem essen (wird häufig in Verbindung mit Haustieren benutzt)

„Deine Katze ist ja so niedlich und verschmust!"
„Ja, das ist sie. Aber ständig muss ich Futter kaufen.
Sie frisst mir noch die Haare vom Kopf."

jemandem raucht der Kopf

jemand denkt längere Zeit angestrengt nach

Jetzt habe ich schon fünf Stunden für die Prüfung gelernt.
Mir raucht der Kopf! Ich brauche jetzt unbedingt mal
eine Pause.

jemanden vor den Kopf stoßen

jemanden kränken, plump verletzen; undankbar sein

„Kommst du zu Semras Feier nächste Woche?"
„Eigentlich hatte ich schon etwas anderes vor. Aber ich
werde trotzdem kommen, ich möchte sie nicht vor den
Kopf stoßen."

Kopf und Kragen riskieren

sein Leben oder seine Existenz aufs Spiel setzen

Thomas hat lange überlegt, in das Geschäft einzusteigen,
aber er hat sich entschieden, es nicht zu tun. Er will nicht
Kopf und Kragen riskieren und hat deshalb lieber die
sichere Variante gewählt.

mit dem Kopf durch die Wand wollen

etwas Unmögliches erzwingen wollen, starrköpfig sein

„Alle Kollegen außer Anne sind sich einig. Glaubst du, Anne wird ihre Meinung noch ändern?"
„Nein, ich denke nicht. Sie will doch immer mit dem Kopf durch die Wand."

– jemandem die Haare vom Kopf fressen –

Nägel mit Köpfen machen

etwas schnell entscheiden; etwas zu Ende bringen; konsequent sein

Komm, lass uns Nägel mit Köpfen machen und die Reise buchen! Wenn wir noch lange überlegen, gibt es nachher keine Plätze mehr.

 ## nicht auf den Kopf gefallen sein

nicht dumm sein, schlau sein; sich zu helfen wissen

Der Sohn unserer Nachbarn ist wirklich nicht auf den Kopf gefallen. Als er in der Schule Probleme in Mathematik bekam und schlechte Noten schrieb, freundete er sich mit dem Klassenbesten an, der dann mit ihm gelernt hat. Jetzt schreibt er wieder gute Noten.

seinen Kopf durchsetzen

über Hindernisse hinweg etwas verwirklichen, das man angestrebt / sich gewünscht hat, seinen Willen durchsetzen

Emil ist ein sehr schwieriges Kind. Er will immer seinen Kopf durchsetzen. Darum hat er auch oft Streit mit seinen Eltern, weil er es nicht akzeptiert, wenn sie ihm etwas verbieten.

sich den Kopf zerbrechen

sich viele Gedanken über etwas machen, angestrengt über etwas nachdenken

Ich weiß nicht, wie man das Problem lösen soll. Ich zerbreche mir schon seit Tagen den Kopf und habe noch immer keine Lösung!

sich etwas aus dem Kopf schlagen

einen Plan, ein Ziel oder einen Wunsch aufgeben

Herr Müller will Bürgermeister werden, aber das kann er sich aus dem Kopf schlagen. Es gibt viel bessere Kandidaten als ihn.

sich etwas durch den Kopf gehen lassen

über etwas nachdenken

„Sollen wir am Wochenende einen Ausflug machen?" „Ich weiß noch nicht genau, ich lasse es mir durch den Kopf gehen. Ich sage dir morgen Bescheid, okay?"

wie vor den Kopf geschlagen sein

völlig überrascht sein, vor Schreck wie gelähmt sein, ganz benommen sein

Als ich vom Tod meines Freundes hörte, war ich wie vor den Kopf geschlagen. Es hat lange gedauert, bis ich mich von dem Schock erholt habe und mein Alltag wieder normal war.

15

1 **Köpfchen haben!**

Welche Redewendung passt zu welcher Entsprechung?
Tragen Sie den passenden Buchstaben in das Kästchen ein!

1. ☐ *etwas auf den Kopf hauen*

2. ☐ *den Kopf in den Sand stecken*

3. ☐ *jemanden vor den Kopf stoßen*

4. ☐ *ein Brett vor dem Kopf haben*

a. die Realität nicht wahrhaben wollen **b.** jemanden
kränken **c.** Geld für Vergnügungen und Shopping ausgeben
d. die einfachsten Dinge nicht verstehen

2 **Tragen Sie die richtige Lösung in das Kästchen ein!**

1. Ihr Bruder sagt zu Ihnen: *„Mir raucht der Kopf!"*
   Was bedeutet dieser Satz? **Lösung** ☐

   a. Ihr Bruder hat zu viel geraucht.
   b. Ihr Bruder hat viel nachgedacht.
   c. Ihr Bruder hat Sport gemacht und ihm ist warm.

2. Ihre Freundin hat sich in einen Mann verliebt.
   Was erzählt sie Ihnen? **Lösung** ☐

   a. *Ich habe den Kopf verloren!*
   b. *Ich zerbreche mir den Kopf!*
   c. *Er hat mir den Kopf verdreht!*

3 Welche Redewendung passt? Ergänzen Sie!

1. Tina macht einen total glücklichen Eindruck.
   Sie hat sich ☐ verliebt!

2. Emma mag ihre Arbeit überhaupt nicht.
   Sie sollte endlich ☐ und ihren Job kündigen.

3. Tobias will unbedingt im Chor mitsingen, dabei ist er
   total unmusikalisch. Ich finde er sollte sich die Idee ☐ .

4. „Ich habe so viel Arbeit und weiß nicht, wo ich
   anfangen soll!" – „Ja, das verstehe ich. Aber du darfst
   jetzt nicht ☐ ."

a. *Hals über Kopf* b. *aus dem Kopf schlagen* c. *den Kopf
verlieren* d. *Nägel mit Köpfen machen*

4 Kreuzen Sie das richtige Wort an!

1. einen ☐ *heißen* ☐ *kühlen* ☐ *kalten* Kopf bewahren

2. den ☐ *Nagel* ☐ *Hammer* ☐ *Schraubenzieher* auf
   den Kopf treffen

3. mit dem Kopf durch die ☐ *Wand* ☐ *Decke* ☐ *Tür*
   wollen

4. sich etwas ☐ *hinter* ☐ *auf* ☐ *durch* den Kopf gehen
   lassen

5. sich den Kopf ☐ *zerschlagen* ☐ *zerbrechen*
   ☐ *zerdrücken*

17

Tierisch gut!

ein dickes Fell haben
unempfindlich/abgehärtet sein;
die Ruhe nicht verlieren

keinen Bock haben

keine Lust auf etwas haben

„Wollen wir gleich zum Sport gehen?"
„Nee, ich hab keinen Bock. Heute möchte ich lieber
relaxen und auf dem Sofa liegen."
„Okay, dann gehe ich alleine und wir sehen uns später."

sich wie ein Elefant im Porzellanladen benehmen

sich tollpatschig benehmen;
ungeschickt/unhöflich/rüpelhaft/taktlos sein

Er hat sich mal wieder wie der sprichwörtliche Elefant
im Porzellanladen benommen. Echt taktlos, was er da
zu seiner Assistentin gesagt hat. Sie lief heulend aus
dem Büro.

ein dickes Fell haben

unempfindlich/abgehärtet sein; die Ruhe nicht verlieren

Es macht mir nichts aus, wenn man mich kritisiert.
Ich habe ein dickes Fell.

keiner Fliege etwas zuleide tun

gutmütig sein, niemandem schaden können

„Ich glaube, Lisa hat Tims Auto absichtlich zerkratzt."
„Das glaube ich nicht. Lisa würde doch keiner Fliege
etwas zuleide tun."

zwei Fliegen mit einer Klappe schlagen
zwei Dinge zur selben Zeit erledigen

Mit meiner Reise nach Berlin möchte ich zwei Fliegen mit einer Klappe schlagen. Zuerst habe ich einen beruflichen Termin, und dann treffe ich einen Freund, den ich schon lange nicht mehr gesehen habe.

einen Frosch im Hals haben
vorübergehend heiser sein, eine belegte Stimme haben

Unser Lehrer wollte uns gerade das neue Thema erklären, doch plötzlich konnte man ihn kaum noch verstehen. Er hatte einen Frosch im Hals und musste sich räuspern.

bekannt sein wie ein bunter Hund
überall bekannt sein

Die neu gewählte Bezirksbürgermeisterin ist im gesamten Stadtviertel bekannt wie ein bunter Hund. Sie wohnt hier schon seit Jahren und kennt viele Menschen persönlich. Deswegen haben ihr viele bei der Wahl ihre Stimme gegeben.

 ## dicker Hund
ein schwerer Fehler, der zum Nachteil für andere ist

Bei meiner letzten Stromrechnung sollte ich viel zu viel zahlen. So viel Strom habe ich gar nicht verbraucht. Das ist wirklich ein dicker Hund!

vor die Hunde gehen

verwahrlosen, einen sehr schlechten Zustand erreichen; elend sterben

Unserem Nachbarn geht es seit dem Tod seiner Frau richtig schlecht. Er isst kaum noch etwas, die Wohnung ist unaufgeräumt und dreckig und er trinkt jede Menge Alkohol. Wir müssen ihm helfen, bevor er ganz vor die Hunde geht.

 ## einen Kater haben

Kopfschmerzen haben und sich schlecht fühlen, weil man zu viel Alkohol getrunken hat

Das war eine coole Party gestern: Wir haben viel getanzt, geile Musik gehört und ganz viel Wodka und Bier getrunken. Leider habe ich deshalb heute einen heftigen Kater.

da beißt sich die Katze in den Schwanz

ein Problem kann schwer gelöst werden, eine Sache dreht sich im Kreis

„Hat dein Cousin nun endlich den Führerschein?"
„Nein, er traut sich selbst mit Fahrlehrer kaum ans Steuer, weil er so wenig Erfahrung hat. So hat er aber auch kaum eine Chance zu üben und wird nicht sicherer. Da beißt sich die Katze in den Schwanz."

die Katze im Sack kaufen
etwas kaufen, ohne es gesehen zu haben

Gestern habe ich auf dem Flohmarkt ein altes Radio gekauft, weil es so schön aussah, aber ich habe es nicht ausprobiert. Zu Hause stellte ich fest, dass es kaputt war. Tja, man sollte immer vorher prüfen, was man kauft, und nicht die Katze im Sack kaufen.

jemandem etwas madig machen
jemandem die Freude an etwas verderben

Ich hatte mich so auf den Urlaub gefreut, aber er hat mir alles madig gemacht. Er hat sich ständig über etwas beschwert: über das Essen, das Hotel, die anderen Gäste... Und dann gefiel ihm noch nicht mal mehr der Strand!

Auf den Hund gekommen

Die Deutschen lieben ihre Haustiere, und so mancher Hund bekommt mehr zu fressen, als ihm guttut. Er ist dann ein dicker Hund. Ein *dicker Hund* ist aber auch ein grober Fehler, der begangen wird, oder eine Ungerechtigkeit, die einem widerfährt. Sagen Sie aber *Du Hund!* oder *Du blöder Hund!* zu jemandem, dann ist das eine Beleidigung. Noch schlimmer ist *Du dumme Sau!*, das Sie besser zu niemandem sagen sollten.

23

die Mücke machen

abhauen, verschwinden, gehen

Ich mach jetzt dann mal die Mücke. Ich muss heute Abend noch so viel erledigen. Wenn ich noch länger bleibe, schaffe ich das alles nicht mehr.

aus einer Mücke einen Elefanten machen

etwas maßlos übertreiben; etwas schlimmer darstellen, als es in Wirklichkeit ist

„Ganz schlimm sieht die Wohnung aus. Nichts wurde da gemacht!"
Jetzt möchte er sogar von seinem Mietvertrag zurücktreten. Er macht mal wieder aus einer Mücke einen Elefanten!

 das interessiert keine Sau

das interessiert niemanden

„Habe ich dir schon erzählt, was meiner Freundin letzte Woche passiert ist?"
„Nun hör doch endlich mal auf, immer wieder darüber zu reden! Das Thema hatten wir schon, das interessiert keine Sau!"

die Sau rauslassen
sich schlecht benehmen; schlecht reden; sehr viel feiern
Die Jungs vom Fußballklub fahren übers Wochenende weg, um zu feiern und sich zu betrinken. Sie wollen mal wieder so richtig die Sau rauslassen.

 jemanden zur Schnecke / zur Sau machen
jemanden beschimpfen, jemanden scharf kritisieren
„Viola scheint es nicht so gut zu gehen ...“
„Ja, gestern hat der Chef sie richtig zur Sau gemacht, weil er zwei Fehler in ihrer Arbeit entdeckt hat.“

Eine Frage des Stils

Schweine sind wichtige Haustiere und sehr intelligent, doch in Redewendungen kommen das Schwein und das weibliche Tier, die Sau, oft sehr schlecht weg. Da stehen sie für schlechtes Verhalten oder dienen der Beleidigung anderer. Wenn Sie etwas nicht interessiert, sagen Sie nicht *Das interessiert keine Sau.* Das ist sehr unhöflich. Drücken Sie es lieber mit netten Worten aus.

wie eine gesengte Sau fahren

zu schnell fahren, keine Verkehrsregeln beachten

Peter ist wirklich kein guter Autofahrer. Jedes Mal, wenn ich bei ihm mitfahre, habe ich richtig Angst. Er fährt wie eine gesengte Sau!

Perlen vor die Säue werfen

jemandem etwas Wertvolles/Kostbares geben, das er oder sie nicht zu schätzen weiß

„Was sollen wir Lena zum Geburtstag schenken? Denkst du, sie freut sich über eine Konzertkarte?"
„Nein, das ist keine gute Idee. Lena ist völlig unmusikalisch. Wenn wir ihr eine Konzertkarte schenken, werfen wir Perlen vor die Säue."

seine Schäfchen ins Trockene bringen

sein Geld in Sicherheit bringen; sich einen Gewinn sichern

Sie haben Geld gespart und eine Lebensversicherung abgeschlossen und damit ihre Schäfchen so einigermaßen ins Trockene gebracht.

 Schwein gehabt

noch mal eben Glück gehabt, eine Sache ist doch noch gut gelaufen

„Gestern war ich mit dem Fahrrad unterwegs und wäre beinahe mit einem Auto zusammengestoßen!"
„Puh, da hast du ja noch mal Schwein gehabt!"

einen Vogel haben

nicht ganz normal sein, spinnen, leicht verrückt sein

„Jetzt soll ich das alles bis morgen umschreiben. Nur, weil ihm angeblich mein Stil nicht gefällt. Wahrscheinlich möchte er mich nur mal wieder daran erinnern, dass er der Chef ist. Der hat ja wohl einen Vogel! Das mache ich keinesfalls. "

– seine Schäfchen ins Trockene bringen –

1 Ein tierisches Vergnügen!

Welche Redewendung passt zu welcher Entsprechung?
Tragen Sie den passenden Buchstaben in das Kästchen ein!

1. ☐ *da beißt sich die Katze in den Schwanz*

2. ☐ *einen Frosch im Hals haben*

3. ☐ *jemandem etwas madig machen*

4. ☐ *aus einer Mücke einen Elefanten machen*

a. eine Sache dreht sich im Kreis b. jemandem die Freude an etwas verderben c. etwas maßlos übertreiben d. vorübergehend heiser sein

2 Tragen Sie die richtige Lösung in das Kästchen ein!

1. Sie haben keine Lust, am Wochenende zu arbeiten. Was sagen Sie? **Lösung** ☐

    a. *Ich habe Schwein gehabt!*
    b. *Ich habe keinen Bock!*
    c. *Ich habe einen Kater!*

2. Ein Freund erzählt Ihnen, dass sein Arbeitskollege *ein dickes Fell hat*. Was ist gemeint? **Lösung** ☐

    a. Der Arbeitskollege hat sich eine neue Jacke gekauft.
    b. Der Arbeitskollege ist übergewichtig.
    c. Der Arbeitskollege ist unempfindlich/abgehärtet.

3 Welche Redewendung passt? Ergänzen Sie!

1. „Am Wochenende möchte ich mal wieder richtig feiern gehen! Hast du Lust?" – „Ja, wir können so richtig ⬚ !"

2. Erik will früh anfangen, Geld für die Rente zu sparen. So kann er ⬚ .

3. Unser Nachbar hat angeblich seinen Hund getreten, aber das glaube ich nicht. Er kann doch ⬚ .

4. „Stell dir vor: Mein Freund Felix hat sich mein Auto ausgeliehen und dann einen Unfall gehabt. Jetzt muss ich die Reparatur bezahlen!" – „Das ist ja ⬚ !"

a. *seine Schäfchen ins Trockene bringen*   b. *ein dicker Hund*
c. *keiner Fliege etwas zuleide tun*   d. *die Sau rauslassen*

4 Kreuzen Sie das richtige Wort an!

1. zwei ⬚ *Fliegen* ⬚ *Katzen* ⬚ *Kühe* mit einer Klappe schlagen

2. ⬚ *Kekse* ⬚ *Ketten* ⬚ *Perlen* vor die Säue werfen

3. vor die Hunde ⬚ *gehen* ⬚ *laufen* ⬚ *springen*

4. die Katze ⬚ *in der Tüte* ⬚ *im Sack* ⬚ *in der Tasche* kaufen

Kapitel 3

Am eigenen Leib

jemandem etwas auf die Nase binden
jemandem etwas erzählen, was er/sie nicht
wissen soll

jemanden auf den Arm nehmen

sich über jemanden lustig machen; jemandem im Scherz etwas Unwahres sagen

Ich glaube, Mike nimmt mich nicht ernst. Ständig nimmt er mich auf den Arm. Das war ja mal ganz lustig, aber jetzt wird es mir langsam zu viel!

ein Auge auf jemanden werfen

sich für etwas/jemanden interessieren

„Siehst du den Typen da hinten?"
„Wen? Den mit der blauen Jacke?"
„Ja, ich glaube, er hat ein Auge auf dich geworfen."

ein Auge / beide Augen zudrücken

nachsichtig sein, eine Ausnahme machen

Julia fand die Klausur ziemlich schwer, vieles wusste sie nicht. Sie hofft, dass der Professor ein Auge zudrückt und sie die Klausur trotzdem besteht.

 ## wie die Faust aufs Auge passen

genau passen (ursprünglich: überhaupt nicht passen)

Schön, dass ihr uns besuchen kommt! Genau in der Woche habe ich frei. Das passt ja wie die Faust aufs Auge!

jemandem ein Loch / Löcher in den Bauch fragen

jemandem viele Fragen stellen, jemanden mit Fragen nerven

Der kleine Sohn meiner Freundin ist sehr neugierig. Jedes Mal, wenn wir uns sehen, will er alles Mögliche wissen und fragt mir Löcher in den Bauch.

– jemandem ein Loch / Löcher in den Bauch fragen –

sich den Bauch vollschlagen

viel essen, sich satt essen

Oskar hat schon den ganzen Tag Hunger. Wenn er nach Hause kommt, will er sich eine große Pizza machen und sich so richtig den Bauch vollschlagen.

mit dem falschen Bein aufgestanden sein

schlechte Laune haben, an allem etwas auszusetzen haben

Der Chef ist wohl heute mit dem falschen Bein aufgestanden. Die ganze Zeit kritisiert er meine Arbeit und hat an allem etwas auszusetzen.

 jemanden um den (kleinen) Finger wickeln

jemanden leicht beeinflussen können; alles von jemandem bekommen können

Meine kleine Enkelin ist wirklich clever: Jedes Mal, wenn ich mit ihr einen Ausflug mache, sage ich ihr, dass sie nur ein Eis bekommt. Sie wickelt mich aber immer um den Finger, sodass ich nicht widerstehen kann und ihr doch noch ein zweites Eis kaufe.

keinen Finger krumm machen

nichts tun, sich nicht anstrengen

Sie wollten die ganze Wohnung renovieren und hatten sich echt viel vorgenommen, aber Paula musste fast alles alleine machen. Ihr Freund hat keinen Finger krumm gemacht!

sich etwas aus den Fingern saugen
sich etwas ausdenken, etwas frei erfinden

„Ninas Geschichten von ihrem Abenteuerurlaub klingen echt spannend."
„Ach was, da hat sie sich doch was aus den Fingern gesaugt. Du darfst ihr nicht alles glauben. Die Hälfte davon hat sie sich bestimmt nur ausgedacht!"

auf eigenen Füßen stehen
selbstständig sein

Seitdem Miriam eine Ausbildung macht und ihr eigenes Geld verdient, steht sie auf eigenen Füßen. Nächsten Monat will sie sich eine Wohnung suchen und mit ihrer Freundin zusammenziehen.

an den Haaren herbeigezogen sein
etwas wird angeführt, das weit hergeholt ist und nicht auf Tatsachen beruht

„Hast du schon gehört? Die Firma will Mitarbeiter entlassen, weil sie angeblich nicht genug Umsatz macht!"
„Ach, das ist doch an den Haaren herbeigezogen! In Wirklichkeit wollen sie im Ausland produzieren, weil es da billiger ist!"

35

sich in die Haare kriegen
sich streiten

Marie und Alex haben oft Streit miteinander. Wegen jeder Kleinigkeit kriegen sie sich in die Haare.

den Hals nicht vollkriegen
nicht genug bekommen können, gierig nach etwas sein

Mein Kollege hat schon wieder nach einer Gehaltserhöhung gefragt, obwohl er eh schon so viel verdient. Er kann einfach den Hals nicht vollkriegen!

etwas in den falschen Hals bekommen
etwas missverstehen, was man demjenigen, der es gesagt hat, auch übelnimmt

„Wie bitte? Du willst mich nicht mehr sehen?"
„Nein, da hast du wohl etwas in den falschen Hals bekommen. Ich möchte dich sehr gerne sehen, aber ich habe heute keine Zeit. Morgen können wir uns gerne treffen. Darf ich dich zum Essen einladen?"

weder Hand noch Fuß haben
nicht richtig durchdacht/vorbereitet sein

Der Architekt hat uns die Pläne schon früh geschickt, aber als wir sie uns angesehen haben, stellten wir fest, dass sie weder Hand noch Fuß haben und noch viele Fehler beinhalten. Er muss sie noch einmal überarbeiten.

etwas auf dem Herzen haben

ein Problem oder einen Wunsch haben, über das/den man nur schwer sprechen kann

Mein Bruder sieht traurig und bedrückt aus. Ich glaube, er hat gerade viele Probleme auf der Arbeit. Ich werde ihn fragen, was er auf dem Herzen hat. Er kann mir alles erzählen, denn er ist auch immer für mich da, wenn ich ihn brauche. Da ist es selbstverständlich, dass ich ihm zuhöre und auch für ihn da bin.

Alles in Maßen!

Haben Sie manchmal großen Appetit auf etwas Bestimmtes, zum Beispiel Schokolade, und können einfach nicht aufhören zu essen? In dem Moment können Sie *den Hals nicht vollkriegen*. Vollkommen in Ordnung, solange es nur Sie betrifft. Sagen Sie aber lieber nicht zu jemandem, der gerade mit großem Appetit isst, dass er *den Hals nicht vollkriegt*. Sie könnten unhöflich wirken. Und das gilt nicht nur für Schokolade! Auch jemand, der schon genug Geld hat, und trotzdem immer noch mehr möchte, kann *den Hals nicht vollkriegen*. Aber auch das sagt man besser niemandem direkt ins Gesicht, wenn man sich nicht *in die Haare kriegen* möchte.

etwas übers Knie brechen

etwas überstürzt tun, etwas zu schnell entscheiden, etwas
Unüberlegtes tun

*Denk lieber noch mal darüber nach, ob du deinen Job
kündigen willst. Jetzt bist du wütend. Das verstehe ich.
Aber manchmal bereut man hinterher eine zu schnelle
Entscheidung. Du solltest das nicht übers Knie brechen!*

jemandem den Mund wässrig machen

den Wunsch oder den Appetit von jemandem anregen

*„Kommt ihr nächste Woche zu meiner Geburtstags-
party?"*
*„Na klar! Wir freuen uns sehr, dich wiederzusehen.
Außerdem hat mir Ernesto schon viel von deinen
Kochkünsten erzählt und mir den Mund so richtig
wässrig gemacht. Ich bin gespannt, was du uns Leckeres
kochst!"*

 nicht auf den Mund gefallen sein

schlagfertig sein, immer eine passende Antwort haben

*Seine Schwester ist absolut nicht auf den Mund gefallen.
Auch wenn er sie ärgert, hat sie immer eine passende
Antwort parat. Dann weiß er nicht mehr, was er sagen
soll.*

jemandem etwas auf die Nase binden

jemandem etwas erzählen, was er/sie nicht wissen soll

Ich habe dir ganz im Vertrauen erzählt, dass ich schwanger bin, und du musst es gleich deiner Mutter auf die Nase binden. Das finde ich nicht gut.

jemandem alles aus der Nase ziehen müssen

jemanden durch ständiges Fragen dazu bringen, etwas zu erzählen

Johannes hat eine neue Freundin, und natürlich wollte ich mehr über sie wissen. Aber du weißt ja, wie er so ist: Von alleine erzählt er gar nichts, alles muss man ihm aus der Nase ziehen.

Ich oder die anderen?

Mit dem Mund verbindet man Genuss und Lebensfreude. Daher können Sie jemandem *den Mund wässrig machen*, wenn Sie ihm ein leckeres Stück Torte in Aussicht stellen – aber auch, wenn Sie ihm von einer Sache, zum Beispiel einer schönen Reise, berichten. Sagen Sie allerdings, dass jemandem *das Wasser im Mund zusammenläuft*, dann bezieht sich das nur auf Speisen und Getränke.

sich an die eigene Nase fassen

auf seine eigenen Fehler und Schwächen schauen

„Ich finde, du solltest deine Eltern mal wieder besuchen. Du kümmerst dich gar nicht um sie."
„Das musst du gerade sagen. Fass dich mal an deine eigene Nase! Du rufst deine Eltern doch nur einmal im Monat an und besuchst sie fast nie."

alle naselang

sehr oft

Es ist viel zu gefährlich, dort abends allein auf die Straße zu gehen. Alle naselang liest man davon, dass in dem Viertel jemand überfallen und ausgeraubt wurde.

 ### die Ohren steifhalten

durchhalten, nicht aufgeben

Ich verstehe, dass du unzufrieden bist und dich schlecht fühlst. Aber du musst nur die Ohren steifhalten. In ein paar Wochen geht es dir bestimmt schon wieder besser.

 ### jemandem etwas um die Ohren hauen

jemanden heftig kritisieren, jemandem heftige Vorwürfe machen

Christian hat letzte Woche seinen Hochzeitstag vergessen. Seine Frau hingegen hatte ihm sogar ein Geschenk gekauft. Sie ist sehr verletzt und haut es ihm jetzt immer wieder um die Ohren.

seinen Ohren nicht trauen

von etwas, was man hört, völlig überrascht sein

Als Fenja hörte, was Lennard getan hatte, traute sie ihren Ohren nicht. Er war doch tatsächlich mit Jörns Geld ins Ausland abgehauen. Das hätte Fenja nie von Lennard erwartet!

viel um die Ohren haben

viel zu tun / zu erledigen haben; viele Sorgen haben

„Sag mal, wann treffen wir uns wieder?"
„Oh, ich weiß nicht, ich habe gerade sehr viel um die Ohren. Im Job habe ich mit einem neuen Projekt begonnen und dann liegt auch noch mein Vater im Krankenhaus."

 jemandem auf den Zahn fühlen

jemanden ausfragen / einer sehr kritischen Prüfung unterziehen, eine Sache untersuchen

Die Auswahlkommission fühlt den Bewerbern gründlich auf den Zahn. Es haben sich mehr als 200 Personen auf die Stelle beworben, doch es werden nur die Besten genommen.

 einen Zahn zulegen

etwas schneller machen, sich beeilen

Wenn wir den Zug noch bekommen wollen, sollten wir jetzt mal einen Zahn zulegen. Es ist schon halb drei!

41

1 Augen, Nase, Mund …

Welche Redewendung passt zu welcher Entsprechung?
Tragen Sie den passenden Buchstaben in das Kästchen ein!

1. ☐ *weder Hand noch Fuß haben*

2. ☐ *viel um die Ohren haben*

3. ☐ *jemanden auf den Arm nehmen*

4. ☐ *ein Auge auf jemanden werfen*

a. sich über jemanden lustig machen **b.** sich für jemanden interessieren **c.** viel zu tun / zu erledigen haben **d.** nicht richtig durchdacht sein

2 Tragen Sie die richtige Lösung in das Kästchen ein!

1. Ihr bester Freund sagt zu Ihnen: *„Ich habe etwas auf dem Herzen."* Was meint er damit? **Lösung** ☐

   a. Er möchte mit Ihnen über ein Problem oder einen Wunsch sprechen.
   b. Er ist verliebt.
   c. Er hat eine Herzkrankheit.

2. Sie haben schlechte Laune und meckern an allem herum. Was sagen Sie? **Lösung** ☐

   a. *Ich habe mir den Bauch vollgeschlagen.*
   b. *Ich habe etwas in den falschen Hals bekommen.*
   c. *Ich bin mit dem falschen Bein aufgestanden.*

3 Welche Redewendung passt? Ergänzen Sie!

1. „Ich finde, wir sollten das Haus kaufen." – „Das Haus ist toll, aber wir dürfen das nicht ☐ . Bevor wir es kaufen, möchte ich noch etwas darüber nachdenken."

2. Mein Arbeitskollege ist ja ein ganz netter Typ. Aber die meiste Arbeit machen wir, er ☐ !

3. Elena hat früh angefangen, sich politisch zu engagieren. Sie ist ☐ und sagt immer ihre Meinung.

4. Seine Argumente kann ich überhaupt nicht nachvollziehen. Meiner Meinung nach ist alles, was er sagt, ☐ .

a. *macht keinen Finger krumm* b. *an den Haaren herbeigezogen* c. *übers Knie brechen* d. *nicht auf den Mund gefallen*

4 Kreuzen Sie das richtige Wort an!

1. sich an die eigene ☐ *Nase* ☐ *Hand* ☐ *Brust* fassen

2. sich etwas aus den Fingern ☐ *lecken* ☐ *lutschen* ☐ *saugen*

3. sich in die Haare ☐ *fahren* ☐ *nehmen* ☐ *kriegen*

4. jemandem ein Loch / Löcher in den ☐ *Bauch* ☐ *Arm* ☐ *Kopf* fragen

5. jemandem alles aus der Nase ☐ *drücken* ☐ *holen* ☐ *ziehen*

In der Natur der Sache

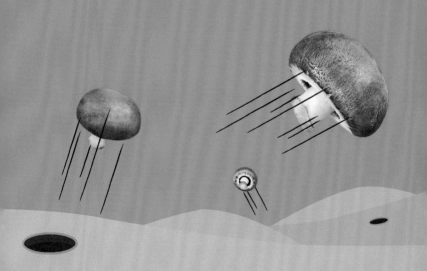

wie Pilze aus dem Boden schießen
unerwartet und schnell entstehen

eine linke Bazille sein

hinterhältig / nicht ehrlich sein

Ich mag Maurizios neuen Kumpel überhaupt nicht, er ist eine richtig linke Bazille. Zu mir ist er immer superfreundlich, aber wenn ich mal nicht dabei bin, redet er bei Maurizio schlecht über mich.

über den Berg sein

das Schlimmste überstanden haben; wieder außer Lebensgefahr sein

„Wie geht es eurer Freundin? Sie hatte doch diesen schrecklichen Autounfall."
„Sie ist zum Glück über den Berg, aber gut geht es ihr noch nicht. Vielleicht werden weitere Operationen notwendig sein."

mit jemandem geht es bergab

jemandem geht es immer schlechter, die gesundheitliche, finanzielle oder soziale Situation von jemandem wird schlechter

Mit ihm geht es immer mehr bergab. Zuerst hat er seine Arbeit verloren, dann hat ihn seine Frau verlassen, und jetzt ist er auch noch krank.

jemandem stehen die Haare zu Berge

jemand ist entsetzt oder schockiert

Vielen Eltern stehen die Haare zu Berge, wenn sie hören, dass in der Grundschule Rechtschreibfehler gar nicht mehr korrigiert werden. Wie sollen ihre Kinder dann lernen, richtig zu schreiben?

 ## über alle Berge sein

schon weit weg / geflüchtet sein; nicht mehr zu erreichen sein

Die Polizei konnte den Bankräuber nicht mehr stellen. Er war wohl schon längst über alle Berge und nach Italien oder in die Schweiz geflüchtet.

Ein kleines entscheidendes Wörtchen ...

Eine Krise haben, sich richtig schlecht fühlen oder womöglich in Lebensgefahr schweben – das möchte niemand. Ist die Situation dann überstanden, freut man sich umso mehr. Freuen auch Sie sich, dass es jemandem besser geht, dann sagen Sie, dass die Person *über den Berg* ist. Aber Vorsicht: Sagen Sie nicht, dass sie *über alle Berge* ist, denn das würde bedeuten, dass die Person verschwunden ist.

ein unbeschriebenes Blatt sein

unbekannt sein; unerfahren sein

Ihr Traum ist es, eine berühmte Schauspielerin zu werden, aber das kann noch etwas dauern. Sie hat gerade erst die Schauspielschule abgeschlossen und ihr erstes Engagement an einem Theater bekommen. Sie ist noch ein unbeschriebenes Blatt.

kein Blatt vor den Mund nehmen

seine Meinung offen und schonungslos sagen

Ich werde dir sagen, was ich über diese Sache denke. Du nimmst es mir doch nicht übel, wenn ich dabei kein Blatt vor den Mund nehme, oder?

etwas durch die Blume sagen

etwas nicht direkt aussprechen, sondern nur andeuten

Timo war es peinlich, dass er finanzielle Probleme hatte. Daher sagte er es mir durch die Blume, dass er Geld brauchte und ich ihm helfen sollte.

Bohnen in den Ohren haben

nicht hinhören, wenn jemand etwas sagt

„Sag mal, Leon, hast du Bohnen in den Ohren? Jetzt habe ich dich schon dreimal gerufen, und du hast immer noch nicht geantwortet!"
„Tut mir leid, Papa, aber ich höre Musik und habe nichts mitgekriegt!"

Gras über eine Sache wachsen lassen

eine unangenehme Sache nicht mehr ansprechen, bis sie am Ende vergessen ist

Der Umweltskandal war nicht gut für unser Image und ist sicher keine gute Werbung für unsere Arbeit. Wir sollten erst einmal Gras über die Sache wachsen lassen, bevor wir wieder Interviews geben.

 ## ins Gras beißen

sterben

Im Film müssen die schlimmsten Schurken am Ende alle ins Gras beißen. Dann haben die Zuschauer wenigstens das Gefühl, dass etwas Gerechtigkeit herrscht auf dieser Welt.

Rund ums grüne Gras

Haben Sie schon einmal einen Fehler gemacht und wollten nicht, dass man immer wieder darüber spricht? Dann wollten Sie wohl *Gras über die Sache wachsen lassen*. Aber *ins Gras beißen* sollten Sie auf keinen Fall, denn dann wären Sie tot.

im siebten Himmel schweben

verliebt sein; überglücklich sein

Vered schwebt im siebten Himmel: Endlich hat sie ihren Traummann gefunden!

jemandem den Himmel auf Erden versprechen

jemandem ein wunderbares, angenehmes Leben versprechen

Er hat ihr den Himmel auf Erden versprochen. Sie sollte alles von ihm bekommen: ein schönes Zuhause, hübsche Kleidung, ein Auto und seine bedingungslose Liebe.

auf dem Holzweg sein

sich in etwas irren

Der Geschäftsführer glaubte, das Unternehmen durch eine Umstrukturierung retten zu können. Leider war er damit auf dem Holzweg. Die Firma musste trotzdem alle Mitarbeiter entlassen und Insolvenz anmelden.

jemanden über den grünen Klee loben

jemanden übermäßig/übertrieben loben

Die Chefin lobte ihren Mitarbeiter Herrn Keil über den grünen Klee für seine gute Arbeit. Seine Kolleginnen und Kollegen fanden das merkwürdig, denn er hatte nicht mehr Einsatz gezeigt als alle anderen auch.

anhänglich wie eine Klette sein

immer in der Nähe von jemandem sein wollen, sodass er/sie sich genervt fühlt

„Deine kleine Nichte ist wirklich ein ganz süßes und liebes Kind."

„Ja, aber sie ist anhänglich wie eine Klette. Nie kann ich etwas alleine machen, andauernd möchte sie in meiner Nähe sein."

Lorbeeren ernten

Anerkennung oder Lob bekommen

Die Professorin macht eine großartige Arbeit. Für ihre wissenschaftliche Forschung und Lehre hat sie schon viele Lorbeeren geerntet.

sich in die Nesseln setzen

sich unangebracht verhalten, sich in eine unangenehme Lage bringen

Er wusste so rein gar nichts über Japan. Mit seinem Verhalten hat er sich ziemlich in die Nesseln gesetzt – er hat fast alles falsch gemacht, was man bei einem Gespräch überhaupt nur falsch machen kann.

jemanden auf die Palme bringen
jemanden provozieren, jemanden wütend machen

*„Morgen sind wir bei Martin und Katja eingeladen.
Ich freue mich schon!"*
*„Ich freue mich auch. Aber hoffentlich ist nicht auch dieser
Klaus eingeladen. Mit ihm kann man nicht diskutieren.
Jedes Mal bringt er mich mit seinen komischen Ansichten
auf die Palme!"*

wie Pilze aus dem Boden schießen
unerwartet und schnell entstehen / zum Vorschein kommen

*Seit einigen Jahren gibt es in fast jeder Stadt immer mehr
1-Euro-Shops. Sie schießen wie Pilze aus dem Boden.*

den Wald vor lauter Bäumen nicht sehen
viele Einzelheiten sehen, aber nicht das Wichtigste / das Ziel

*„Was suchst du denn da so lange nach der richtigen App?
Wenn du von einer Sprache in die andere übersetzen
möchtest, dann ist diese Übersetzungs-App doch genau
das Richtige für dich!"*
*„Manchmal sieht man eben den Wald vor lauter Bäumen
nicht!"*

wie Zunder brennen

sehr trocken und leicht entflammbar sein

Es dauerte nicht lange, bis sie das Lagerfeuer entzündet hatten. Die alten Äste und das trockene Laub brannten wie Zunder.

– jemanden auf die Palme bringen –

1 Auf dem richtigen Weg oder auf dem Holzweg?

Welche Redewendung passt zu welcher Entsprechung?
Tragen Sie den passenden Buchstaben in das Kästchen ein!

1. ☐   *etwas durch die Blume sagen*

2. ☐   *jemandem stehen die Haare zu Berge*

3. ☐   *kein Blatt vor den Mund nehmen*

4. ☐   *mit jemandem geht es bergab*

a. jemandem geht es immer schlechter **b.** jemand ist entsetzt **c.** etwas nicht direkt aussprechen **d.** seine Meinung offen und schonungslos sagen

2 Tragen Sie die richtige Lösung in das Kästchen ein!

1. Sie hören den Satz: *„Er ist eine linke Bazille."* Worum handelt es sich bei diesem Satz?   **Lösung** ☐

   a.   eine Aufforderung
   b.   ein Lob
   c.   eine Kritik

2. Sie bekommen viel Lob von Ihrem Chef. Welcher Satz trifft zu?   **Lösung** ☐

   a.   *Sie ernten Lorbeeren.*
   b.   *Sie setzen sich in die Nesseln.*
   c.   *Sie sind anhänglich wie eine Klette.*

3 Welche Redewendung passt? Ergänzen Sie!

1 Unsere Regierung plant schon wieder, die Steuern zu erhöhen. Das würde mich echt ☐ !

2. In unserer Stadt gibt es kaum noch kleine, individuelle Cafés. Überall findet man jetzt nur noch Cafés, die einer Kette angehören. Sie ☐ .

3. „Gestern war doch dieser Fuchs bei unserer Nachbarin im Garten. Ob er wohl noch immer da ist?"
„Nein, das glaube ich nicht. Er ist bestimmt schon längst ☐ !"

4. Vor vielen Jahren gab es in der Familie einen großen Skandal, aber dann hat man ☐ und heute ist alles vergessen.

a. *Gras über die Sache wachsen lassen* b. *schießen wie Pilze aus dem Boden* c. *auf die Palme bringen* d. *über alle Berge*

4 Kreuzen Sie das richtige Wort an!

1. den ☐ *See* ☐ *Wald* ☐ *Berg* vor lauter Bäumen nicht sehen

2. ☐ *auf* ☐ *hinter* ☐ *über* den Berg sein

3. im siebten Himmel ☐ *schweben* ☐ *fliegen* ☐ *gleiten*

4. auf dem ☐ *Stahlweg* ☐ *Holzweg* ☐ *Lederweg* sein

5. ein unbeschriebenes ☐ *Blatt* ☐ *Papier* ☐ *Buch* sein

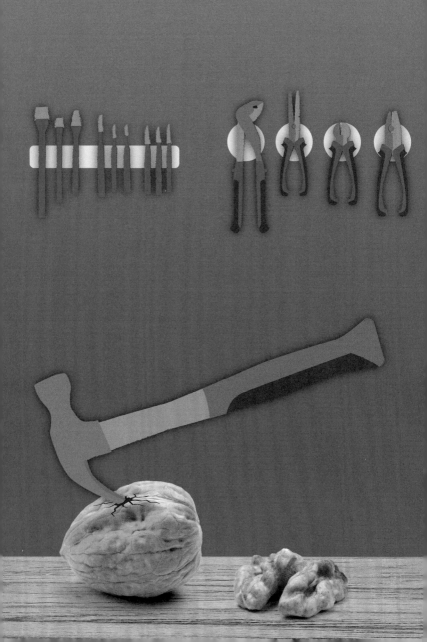

Gefundenes Fressen

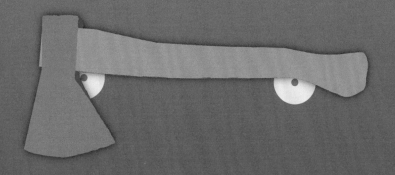

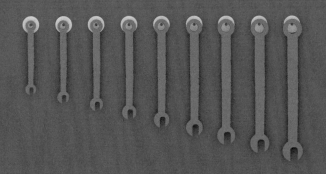

eine harte Nuss zu knacken haben
ein schwieriges Problem lösen müssen

etwas absahnen

sich etwas Wertvolles / das Beste (oft auf nicht ganz korrekte/legale Weise) sichern

Bei den Filmfestspielen sahnt die Schauspielerin immer wieder Filmpreise ab, obwohl sie gar keine so gute Schauspielerin ist. Manche Leute vermuten, dass sie die Preise nur bekommt, weil sie ein Mitglied aus der Jury besonders gut kennt.

 ## für einen Apfel und ein Ei

sehr billig, für einen sehr geringen Betrag

Heute gehe ich wieder auf den Flohmarkt. Da kann man oft für einen Apfel und ein Ei schöne Antiquitäten und hübsches Geschirr kaufen. Und von dem Geld, das man gespart hat, kann man sich gleich noch mehr davon kaufen!

in den sauren Apfel beißen

etwas Unangenehmes tun müssen; etwas tun, obwohl es einem schwerfällt

Unsere Tochter hat gerade den Führerschein bestanden und wünscht sich jetzt ein eigenes Auto. Ich glaube, wir müssen wohl in den sauren Apfel beißen und ihr eins kaufen, denn im Moment hat sie nicht so viel Geld.

um den heißen Brei herumreden

sich nicht trauen, etwas Unangenehmes direkt anzusprechen

*„Ich muss dir etwas sagen, aber ich weiß nicht genau ....
Also, äh ... Es ist mir wirklich unangenehm und ich ... äh
... weiß nicht, wie ich es sagen soll ... ähm ..."*
*„Nun red doch nicht um den heißen Brei herum! Sag mir
einfach, was los ist!"*

Butter bei die Fische geben

das Wesentliche ansprechen, zum Punkt kommen; eine
Sache endlich klären; endlich etwas unternehmen

*Hannes überlegt jetzt schon so lange, ob er sich im
Umweltschutz engagieren oder lieber Mitglied in einer
Partei werden soll. Ich denke, er sollte endlich Butter bei
die Fische geben und sich entscheiden. Hauptsache, er
macht überhaupt irgendetwas!*

Eine Frage des Kontexts

Wenn Sie *Butter bei die Fische geben*, kommen Sie zum
wichtigen Teil einer Erzählung oder bringen etwas Angefan-
genes zu Ende. Aber Achtung: Die Präposition *bei* wird nur in
dieser einen Redewendung verwendet! Wenn Sie beim
Kochen ein Fischgericht mit Butter verfeinern, geben Sie
Butter *an* den Fisch!

sich um ungelegte Eier kümmern

sich Gedanken über Dinge machen, die noch nicht aktuell sind

„In den Nachrichten haben Sie gerade gebracht, dass die Piloten vieler Airlines streiken. Was machen wir, wenn unser Flug nächste Woche ausfällt?"
„Nun kümmer dich doch nicht um ungelegte Eier! In einer Woche kann viel passieren. Vielleicht ist der Streik dann schon längst zu Ende. Und falls nicht, können wir immer noch mit dem Auto oder dem Zug fahren."

 ## einen Eiertanz aufführen

sich vorsichtig verhalten, taktieren in einer heiklen Situation; sich nicht festlegen; umständlich sein; etwas verheimlichen

„Ich habe Ihnen eine einfache Frage gestellt. Führen Sie hier bitte keinen Eiertanz auf, sondern geben Sie eine klare Antwort!"

 ## kalter Kaffee sein

längst bekannt und daher uninteressant sein

Die Präsentation unseres Vertriebschefs für die neue Produktwerbung war einfach nur schlecht. Alles, was er uns vorstellte, war kalter Kaffee. Seine Ideen waren vielleicht vor zehn Jahren mal innovativ, aber heute passen sie absolut nicht mehr.

jemanden durch den Kakao ziehen

jemanden lächerlich machen, jemanden verspotten

„Hast du Nicolettas neue Frisur gesehen? Damit sieht sie aus wie eine Comicfigur!"
„Hör auf! Ich finde es nicht schön, andere Leute so durch den Kakao zu ziehen."

 ## olle Kamellen

alte Geschichten, Altbekanntes

Mein Onkel erzählt bei jedem Familientreffen dieselben alten Geschichten. Meine Mutter sagt dann immer: „Das sind doch olle Kamellen, erzähl uns mal was anderes!"

mit jemandem ist nicht gut Kirschen essen

jemand ist autoritär, streng, unfreundlich

Nurays Firma hat mit einer anderen Firma fusioniert, aber leider ist mit dem neuen Chef nicht gut Kirschen essen.

das macht den Kohl auch nicht fett

das bringt nichts, das ist wertlos; das macht die Situation / die Lage auch nicht besser

Die letzte Aufgabe in der Prüfung habe ich gut gelöst, aber das macht den Kohl auch nicht fett. Ich werde trotzdem durchfallen, denn sonst habe ich kaum etwas gewusst.

61

Kohldampf haben

großen Hunger haben

Das Schwimmtraining heute war sehr lang und intensiv, aber es hat auch viel Spaß gemacht. Jetzt habe ich riesigen Kohldampf und werde mir gleich eine große Portion Spaghetti kochen!

 wie Kraut und Rüben

unordentlich; durcheinander; chaotisch

Was ist denn hier passiert? Hier sieht es ja aus wie Kraut und Rüben! Räum sofort dein Zimmer auf!

eine harte Nuss zu knacken haben

ein schwieriges Problem lösen müssen

Die Schachspielerin spielte beim Turnier gegen den amtierenden Landesmeister. Beim letzten Spielzug musste sie lange überlegen. Sie hatte wirklich eine harte Nuss zu knacken. Plötzlich hatte sie die Lösung, machte einen Zug und setzte ihren Gegner schachmatt.

 das sind doch Peanuts

das sind Kleinigkeiten/Dinge, die nicht der Rede wert sind; das ist eine unbedeutende Geldsumme

Warum regt dein Vater sich so darüber auf, dass er 300 Euro für die Reparatur bezahlen soll? Das sind doch Peanuts!

jemand soll hingehen/bleiben, wo der Pfeffer wächst

jemand soll verschwinden, weit weggehen / wegbleiben, damit man ihn nicht mehr ertragen muss

„Hast du Sebastian auch zum Spieleabend eingeladen?"
„Nein, mit ihm hatte ich vor Kurzem einen großen Streit, und er hat sich noch nicht bei mir entschuldigt. Er soll bleiben, wo der Pfeffer wächst!"

 ## die Radieschen von unten anschauen

tot sein

Unser Opa hatte 30 Jahre lang einen Kleingarten, wo er Gemüse und Obst angebaut hat. Letztes Jahr ist er leider gestorben. Jetzt kann er die Radieschen nur noch von unten anschauen.

Mit oder ohne Präposition?

Mögen Sie auch Radieschen? Diese kleinen runden Kugeln, die im Frühjahr wachsen und so wunderbar in den Salat passen? Oder haben Sie vielleicht einen eigenen Garten, in dem Sie Radieschen anpflanzen? Möchten Sie jemandem Ihr prächtiges Gemüse zeigen, dann sagen Sie nur: *„Schau dir mal die Radieschen an!"* Sagen Sie aber auf keinen Fall: *„Schau dir mal die Radieschen von unten an!"*, denn so würden Sie ihm den Tod wünschen.

da/jetzt haben wir den Salat
das (erwartete) Unangenehme ist eingetroffen

Habe ich dir nicht gesagt, dass wir rechtzeitig losfahren müssen, um pünktlich anzukommen? Jetzt haben wir den Salat – es ist Stau, wir stehen auf der Autobahn und kommen zu spät!

 ### seinen Senf dazugeben
(ungefragt) seine Meinung sagen, sich einmischen

Die meisten Kolleginnen und Kollegen arbeiten nicht gerne mit Markus zusammen. Zu allem muss er seinen Senf dazugeben und will anderen sagen, wie sie ihre Arbeit machen sollen. Er sollte sich besser nur um seine eigenen Angelegenheiten kümmern.

Süßholz raspeln
jemandem viele Komplimente machen, jemandem schmeicheln

„Meine Liebste, du bist so wunderschön wie eine Rose... Deine Augen sind so blau wie der Ozean, in dem ich mich verliere!"
„Ist ja schon gut. Hör auf, Süßholz zu raspeln. Hilf mir lieber, mein Kleid zuzumachen, und dann lass uns losgehen."

Tomaten auf den Augen haben

etwas/jemanden nicht bemerken, etwas/jemanden übersehen

„Weißt du, wo meine Brille ist? Ich suche sie schon die ganze Zeit und kann sie nirgends finden."
„Hast du Tomaten auf den Augen? Sie liegt direkt vor dir!"

mit allen Wassern gewaschen sein

raffiniert sein; sich nicht überrumpeln lassen; Erfahrungen schlau für seine Ziele ausnutzen

Diesen Rechtsanwalt kann man empfehlen. Er hat schon viel Erfahrung mit den unterschiedlichsten Fällen. Er ist mit allen Wassern gewaschen.

– Tomaten auf den Augen haben –

1 Geistesnahrung

Welche Redewendung passt zu welcher Entsprechung? Tragen Sie den passenden Buchstaben in das Kästchen ein!

1. ☐ *die Radieschen von unten anschauen*

2. ☐ *um den heißen Brei herumreden*

3. ☐ *das sind doch Peanuts*

4. ☐ *jetzt haben wir den Salat*

a. sich nicht trauen, etwas Unangenehmes direkt anzusprechen **b.** tot sein **c.** das (erwartete) Unangenehme ist eingetroffen **d.** das sind doch Kleinigkeiten

2 Tragen Sie die richtige Lösung in das Kästchen ein!

1. „Diese tolle Hose habe ich *für einen Apfel und ein Ei* bekommen." Was bedeutet dieser Satz? **Lösung** ☐

   a. Die Hose wurde gegen einen Apfel und ein Ei getauscht.
   b. Die Hose wurde sehr billig gekauft.
   c. Die Hose wurde im Supermarkt gekauft.

2. Sie haben großen Hunger. Was sagen Sie? **Lösung** ☐

   a. *Ich habe Tomaten auf den Augen!*
   b. *Ich habe eine harte Nuss zu knacken!*
   c. *Ich habe Kohldampf!*

3 **Welche Redewendung passt? Ergänzen Sie!**

1. Mala hat ihren Mann verlassen. Das ist ☐ , das wissen wir schon längst!

2. Kevin hatte eine Beule in Laras Auto gefahren und wusste nicht, wie er es ihr sagen sollte. Er hatte Angst vor ihrer Reaktion und ☐ .

3. Musst du denn immer deinen ☐ ? Wenn ich deine Meinung wissen will, dann frage ich dich.

4. Die Satiresendung ist sehr kritisch, aber auch lustig. Sie nimmt Politiker und Prominente nicht ernst und ☐ .

a. *Senf zu allem dazugeben* b. *zieht alle durch den Kakao*
c. *kalter Kaffee* d. *führte einen Eiertanz auf*

4 **Kreuzen Sie das richtige Wort an!**

1. in den ☐ *süßen* ☐ *bitteren* ☐ *sauren* Apfel beißen

2. ☐ *Butter* ☐ *Margarine* ☐ *Öl* bei die Fische geben

3. Süßholz ☐ *schneiden* ☐ *brechen* ☐ *raspeln*

4. mit allen ☐ *Seifen* ☐ *Wassern* ☐ *Duschgels* gewaschen sein

5. das macht den Kohl auch nicht ☐ *fett* ☐ *dünn* ☐ *dick*

Kapitel 6

Seefahrt ahoi!

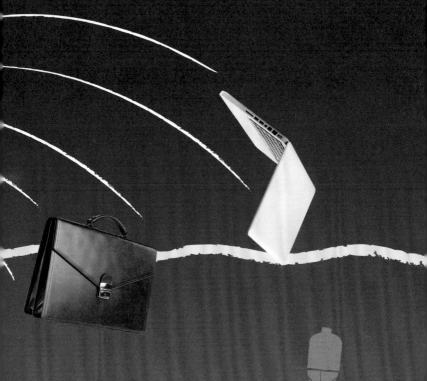

etwas über Bord werfen
etwas endgültig aufgeben

einen Abstecher machen

ein Ziel aufsuchen, das nicht auf der Reiseroute liegt

Sophie und Johannes waren auf dem Weg, ihre Großeltern in Jena zu besuchen. Spontan entschlossen sie sich, einen Abstecher nach Erfurt zu machen und dort die Erfurter Altstadt zu besichtigen.

 ### aufkreuzen

plötzlich auftauchen, bei jemandem / irgendwo ohne Anmeldung erscheinen

Ich mag es gar nicht, wenn Leute einfach so bei mir auf-kreuzen. Spontaner Besuch ist Stress für mich. Ich finde es viel besser, wenn man sich vorher verabredet. Dann kann ich mich auf den Besuch vorbereiten.

etwas ausloten

etwas erforschen; etwas herausfinden; etwas bestimmen

Als Profisportlerin muss sie die Schwachpunkte ihrer Gegnerinnen ausloten, um sich besser auf die Wett-kämpfe vorbereiten zu können.

etwas über Bord werfen

etwas endgültig aufgeben / fallen lassen

„Was macht Tom jetzt eigentlich beruflich? Wollte er sich nicht selbstständig machen?"
„Ja, er wollte ein Restaurant eröffnen. Aber die Idee hat er dann doch über Bord geworfen, denn ihm fehlte das Geld."

ein Schuss vor den Bug

eine ernst zu nehmende Warnung, eine Einschüchterung,
eine Zurechtweisung

*Die Abmahnung der Personalabteilung war ein Schuss
vor den Bug und sollte ihm wirklich eine Warnung sein.
Wenn er sich noch mal so verhält und auch weiterhin
ständig zu spät kommt, wird ihm gekündigt.*

auf dem falschen Dampfer sein

in eine völlig falsche Richtung denken; bestimmte
Möglichkeiten falsch einschätzen, sich falsche Vorstellungen
von dem Erreichen eines Zieles machen

*Wenn du glaubst, dass du schon in einem Jahr Parteivor-
sitzender wirst, dann bist du auf dem falschen Dampfer.
Erst musst du dich in der Partei engagieren und bei den
Parteimitgliedern bekannt werden, bevor sie dich zum
Vorsitzenden wählen.*

ein Flaggschiff

das wichtigste Produkt eines Unternehmens; das
bedeutendste Unternehmen einer Region

*Auf der Messe wurden verschiedene Fahrzeugmodelle
vorgestellt, unter anderem der XR 15. Er ist das Flagg-
schiff des Automobilherstellers und wurde im letzten Jahr
über 200 000 Mal verkauft.*

einer Sache auf den Grund gehen

eine Sache vollständig klären wollen; die Ursache von etwas herausfinden; etwas erforschen

Ich kann mir nicht erklären, warum die Erdbeeren in meinem Garten in diesem Jahr einfach nicht wachsen wollen. Letztes Jahr hatte ich ganz viele Erdbeeren, aber vielleicht hat es dieses Jahr zu viel geregnet. Ich werde der Sache auf den Grund gehen.

 ## herumlavieren

sich nicht entscheiden können, sich nicht festlegen wollen; sich winden

Als er sie fragte, ob sie sich eine gemeinsame Wohnung nehmen sollten, begann sie herumzulavieren. Sie führte alle möglichen Argumente dafür und dagegen an, gab ihm aber keine konkrete Antwort.

auf Konfrontationskurs sein

eine Verhaltensweise / ein Vorgehen, bei der/dem man einen Streit in Kauf nimmt

Mit Martin kann man ganz schlecht diskutieren. Er ist immer auf Konfrontationskurs. Nur seine Meinung zählt für ihn, Kompromisse mag er nicht. Deshalb haben wir ständig Konflikte.

Land sehen

einen Ausweg sehen, die Möglichkeit sehen, ein Problem zu lösen / eine Schwierigkeit zu überwinden

„Und, wie läuft es mit dem Studium?"
„Gerade läuft es super! Vor ein paar Monaten wusste ich nicht, wie ich alle Seminare und Prüfungen schaffen soll, aber dann habe ich mir einen Zeitplan mit einzelnen Lerneinheiten für jeden Tag gemacht, und jetzt sehe ich endlich wieder Land!"

Der Ton macht die Musik!

Wissen Sie auch manchmal nicht, wie Sie all die vielen deutschen Vokabeln mit all ihren Bedeutungen lernen sollen? In dem Moment können Sie offensichtlich *kein Land sehen*. Machen Sie sich lieber einen Lernplan, bevor Sie *Schiffbruch erleiden*. Verwechseln Sie den Ausdruck aber nicht mit *jemanden/etwas an Land ziehen*. Dies bedeutet, dass Sie etwas in Ihren Besitz bringen oder jemanden für sich gewinnen und kann je nach Betonung als Bewunderung oder als Vorwurf gemeint sein.

73

eine wahre Odyssee

eine lange, mit vielen Schwierigkeiten verbundene, abenteuerliche Reise, eine Irrfahrt; ein langer, verwirrender und lästiger Weg durch Ämter, Organisationen und Einrichtungen

Bis ich endlich meinen neuen Pass beantragen konnte, hatte ich eine wahre Odyssee hinter mir. Als ich zum Amt kam, schickte man mich von einem Zimmer zum nächsten. Ich lief durch das ganze Gebäude, bis ich den richtigen Sachbearbeiter fand.

 ### keine Peilung haben

keine Ahnung haben, keine Vorstellung von etwas haben

Der neue Freund meiner Schwester ist nicht der Schlaueste. Noch nicht einmal über Fußball kann man sich mit ihm unterhalten. Der Typ hat echt keine Peilung!

 ### in den Sack hauen

mit etwas aufhören; kündigen; verschwinden

„Wann wollen wir eigentlich unsere Weltreise mit dem Fahrrad beginnen? Die wollten wir doch schon lange machen."
„Also in spätestens zehn Monaten sollten wir beide in den Sack hauen und losfahren. Zuerst die Donau entlang und dann weiter über den Balkan?"

wie Sand am Meer
in sehr großer Menge, überaus reichlich

In Berlin kann man auch spätabends noch etwas zu trinken, Zigaretten oder Lebensmittel kaufen. Die Spätverkaufsstellen, auch Späti genannt, sind kleine oder große Kioske. Es gibt sie wie Sand am Meer. In der ganzen Stadt gibt es Hunderte davon.

 ## klar Schiff machen
eine Angelegenheit klären; gründlich reinigen, sauber machen

Hast du etwa immer noch Streit mit deinem Freund? Wann machst du endlich klar Schiff und sprichst mit ihm? Es ist doch besser, wenn ihr die Sache klärt und euch wieder versöhnt.

Schiffbruch erleiden
(mit etwas) scheitern, das Ziel verfehlen, keinen Erfolg haben

Man sollte sich gut überlegen, ob man sich selbstständig macht. Wenn man sich nicht genügend mit Marketing, Buchführung, strategischer Planung und Unternehmensführung auskennt, kann man leicht Schiffbruch erleiden und viel Geld verlieren.

jemanden/etwas im Schlepptau haben

jemanden/etwas schleppen; von jemandem/etwas begleitet oder verfolgt werden

Timo und Marie waren ziemlich überrascht über den unangemeldeten Besuch. Maries Cousine und ihr Mann standen vor der Tür, und ihre drei Kinder hatten sie auch gleich noch im Schlepptau.

die Schotten dicht machen

etwas schließen, etwas beenden; nicht mehr zuhören; sich verschließen, sich verweigern

„Wollen wir Fiona fragen, ob sie mit uns ins Kino geht?" „Ja, das ist eine gute Idee. Seitdem Emmanuel sich von ihr getrennt hat, sitzt sie nur noch alleine zu Hause und will nichts mehr unternehmen. Sie macht komplett die Schotten dicht. Ich hoffe, sie hat Lust mitzukommen."

 ## etwas vom Stapel lassen

etwas sagen, was bei anderen auf (spöttische) Ablehnung stößt

Thorsten hat sich mal wieder total blamiert. Bei der Abschlussfeier wollte er unbedingt eine Rede halten. Er hat Sachen vom Stapel gelassen, das kannst du dir nicht vorstellen!

voll wie eine Strandhaubitze sein

völlig betrunken sein

Nachdem unsere Mannschaft gewonnen und den Pokal geholt hatte, haben wir die ganze Nacht Party gemacht. Wir haben ordentlich gesoffen: Bier, Wodka, Tequila ... Am Ende war ich voll wie eine Strandhaubitze!

Tiefgang haben

Gedankentiefe haben, weise Gedanken beinhalten

Die Bücher dieses Schriftstellers sind sehr anspruchsvoll. Alles, was er schreibt, hat Tiefgang.

– jemanden/etwas im Schlepptau haben –

etwas torpedieren

etwas gezielt bekämpfen und dadurch stören/verhindern; etwas vereiteln, etwas blockieren, etwas boykottieren

Unser Team hatte so ein tolles Projekt entwickelt. Wir haben lange dafür gebraucht und all unsere Ideen eingebracht, aber unser Vorgesetzter hat alles torpediert. Ihm gefiel das Projekt überhaupt nicht, und er meinte, wir sollten ein ganz neues Konzept entwerfen.

auf dem Trockenen sitzen

nicht mehr weiterkommen, keine Lösung finden; aus finanziellen Gründen nicht mehr handeln können; vor einem leeren Glas sitzen, nichts mehr zu trinken haben

„Leider habe ich meinen Job verloren und ich habe auch noch Schulden. Ich sitze total auf dem Trockenen. Kannst du mir etwas Geld leihen?"
„Kein Problem, wie viel brauchst du denn?"

etwas überfrachten

etwas mit zu vielen Eigenschaften, Wörtern, Ideen versehen; etwas überladen

Ein guter Roman darf nicht mit zu vielen Fremdwörtern überfrachtet sein, sonst versteht man nur die Hälfte und hat keine Lust mehr, ihn zu Ende zu lesen.

zu neuen Ufern aufbrechen

neue Ziele haben, etwas Neues machen, ein neues Leben planen

Ich habe jetzt lange genug in dieser Stadt gelebt. Jetzt möchte ich zu neuen Ufern aufbrechen: Ich möchte eine Fortbildung machen, mir einen neuen Job suchen und in eine andere Stadt ziehen.

hohe Wellen schlagen

große Auswirkungen haben; große Erregung / großes Aufsehen auslösen

Die Spendenaffäre um den Politiker schlug hohe Wellen. Er hatte Spenden in Höhe von einer halben Million Euro angenommen, diese aber nicht versteuert.

Aufgepasst!

Ein Schiff braucht tiefes Wasser, um nicht auf Grund zu laufen. Sonst sitzt man auf dem Trockenen, zum Beispiel auf einer Sandbank. Im übertragenen Sinne bedeutet *auf dem Trockenen sitzen*, dass Sie keine Lösung für ein Problem finden oder dass Sie gerade nicht genügend Geld haben. Es wird aber auch scherzhaft dafür verwendet, wenn jemand in der Kneipe vor einem leeren Glas sitzt. Aber Achtung: Verwenden Sie den Ausdruck besser nicht, wenn Ihr eigenes Glas leer ist. Das wäre unverschämt...

1 Auf zu neuen Ufern!

Welche Redewendung passt zu welcher Entsprechung?
Tragen Sie den passenden Buchstaben in das Kästchen ein!

1. ☐ *zu neuen Ufern aufbrechen*

2. ☐ *einer Sache auf den Grund gehen*

3. ☐ *herumlavieren*

4. ☐ *keine Peilung haben*

a. keine Ahnung haben **b.** neue Ziele haben **c.** sich nicht entscheiden können **d.** eine Sache vollständig klären wollen

2 Tragen Sie die richtige Lösung in das Kästchen ein!

1. Jemand sagt: „*Da war ich wohl auf dem falschen Dampfer.*" Was meint die Person?   **Lösung** ☐

   a. Sie hat das falsche Schiff genommen.
   b. Sie hat die falschen E-Zigaretten gekauft.
   c. Sie hat in eine völlig falsche Richtung gedacht.

2. Sie sind auf dem Weg nach Köln zu Ihren Verwandten. Vorher wollen Sie noch Freunde in Düsseldorf besuchen. Was sagen Sie?   **Lösung** ☐

   a. *Ich mache einen Abstecher nach Düsseldorf.*
   b. *Ich erleide Schiffbruch in Düsseldorf.*
   c. *Ich bin auf Konfrontationskurs nach Düsseldorf.*

3 **Welche Redewendung passt? Ergänzen Sie!**

1. Unser Urlaub war wirklich toll. Aber die Hinfahrt war ☐ !
   Wir mussten fünfmal umsteigen, und drei der Züge hatten
   Verspätung. Als wir nach acht Stunden ankamen, waren
   wir total erledigt!

2. David sucht ein Fitnessstudio in seiner Nähe. Das wird kein
   Problem sein, denn Studios gibt es in seiner Stadt ☐ .

3. Sarah und Niklas picknickten am See, als plötzlich ein
   paar Kumpels ☐ . Das passte Sarah gar nicht, denn sie
   wollte mit Niklas alleine sein.

4. Der russische Schriftsteller ist Victorias Lieblingsautor,
   denn seine Bücher ☐ .

a. *aufkreuzten* **b.** *wie Sand am Meer* **c.** *haben Tiefgang*
d. *eine wahre Odyssee*

4 **Kreuzen Sie das richtige Wort an!**

1. klar ☐ *Boot* ☐ *Yacht* ☐ *Schiff* machen

2. die Schotten ☐ *dicht* ☐ *zu* ☐ *eng* machen

3. etwas über Bord ☐ *schleudern* ☐ *werfen*
   ☐ *fallen lassen*

4. kein Land ☐ *erblicken* ☐ *beobachten* ☐ *sehen*

5. in ☐ *den Koffer* ☐ *den Sack* ☐ *den Rucksack* hauen

Bei Wind und Wetter

sich freuen wie ein Schneekönig
sich sehr freuen

etwas abblasen

etwas absagen oder abbrechen, das angekündigt oder geplant war

„Es ist wirklich ärgerlich, dass ich ausgerechnet jetzt krank bin. Meine Geburtstagsfeier am Samstag muss ich wohl abblasen. Schade."
„Ach, sei nicht traurig! Wir holen die Feier ein anderes Mal nach."

 ## jemanden abblitzen lassen

jemanden abweisen (oft bei einem Flirt), jemandem eine Abfuhr erteilen

Endlich habe ich mich getraut, das nette Mädchen von nebenan anzusprechen. Ich habe sie gefragt, ob ich sie auf ein Eis einladen darf. Sie wollte aber nicht und hat mich abblitzen lassen.

jemandem den Marsch blasen

jemandem energisch die Meinung sagen, jemanden gehörig zurechtweisen

Gregor ist für die Stelle als Projektmanager meiner Meinung nach nicht geeignet. Er hat keine Führungs-kompetenzen. Außerdem ist jetzt schon das dritte Projekt wegen ihm gescheitert. Der Chef sollte ihm mal ordentlich den Marsch blasen.

Trübsal blasen

traurig und niedergeschlagen sein

Es hat keinen Sinn, nach einem Misserfolg zu Hause zu sitzen und Trübsal zu blasen. Man sollte sich mit Freunden treffen und etwas Schönes unternehmen, dann geht es einem schnell besser.

 ## von Tuten und Blasen keine Ahnung haben

von einer Sache nichts verstehen, keine Kenntnisse auf einem bestimmten Gebiet haben

Herr Koblenz soll jetzt Abteilungsleiter werden. Das ist doch unverantwortlich! Er hat von Tuten und Blasen keine Ahnung.

Aufgepasst!

Kein Wunder, dass das Verb *blasen* so häufig in deutschen Redewendungen zu finden ist, bläst der Wind doch besonders in Norddeutschland oft mit hoher Geschwindigkeit über das Land. Sie können alle Redewendungen problemlos verwenden. Aufpassen sollten Sie allerdings mit *jemandem einen blasen*, denn das bezieht sich auf eine sexuelle Praktik und bedeutet oraler Geschlechtsverkehr.

wie der Blitz
sehr schnell

Du bist schon wieder vom Einkaufen zurück? Das ging ja wie der Blitz!

wie ein Blitz aus heiterem Himmel
völlig unerwartet

Als Leonie Anna mitteilte, dass sie schwer erkrankt war, traf Anna die Nachricht wie ein Blitz aus heiterem Himmel. Sie hatte damit überhaupt nicht gerechnet.

im Dunkeln tappen
nichts Genaues wissen; etwas noch nicht aufklären können; noch keine Lösung finden

Letzte Woche wurde zum dritten Mal in eine Villa eingebrochen. Bei der Fahndung nach den Verbrechern tappt die Polizei allerdings noch völlig im Dunkeln.

das Eis ist gebrochen
die Hemmungen sind beseitigt, die Stimmung ist aufgelockert

Beim ersten Training mit dem neuen Spieler war die Mannschaft zurückhaltend und die Stimmung kühl. Dann aber machte er einen Witz, alle lachten, und das Eis war gebrochen.

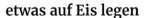

etwas auf Eis legen

etwas verschieben, unterbrechen, vorläufig nicht weiter bearbeiten

Die Verhandlungen der beiden Parteien dauerten schon mehrere Wochen an. Nun wurden sie erst mal auf Eis gelegt.

Das richtige Pronomen

Mögen Sie Eis? Eis am Stiel oder aus der Eisdiele? Damit sind Sie sicherlich nicht alleine. Und Schnee und Eis im Winter? Die sind besonders bei Wintersportlern beliebt. Wenn Sie *etwas auf Eis legen*, bedeutet das aber nicht, dass Sie mit Schlittschuhen auf dem Eis Ihre Runden drehen, sondern dass Sie eine Sache aufschieben und erst später fortsetzen. Dies sollten Sie nicht mit *jemanden auf Eis legen* verwechseln, denn dann setzen Sie jemanden vorerst nicht ein, zum Beispiel einen Fußballspieler. Achten Sie also auf das richtige Pronomen!

sich für etwas nicht erwärmen können

an etwas keinen Gefallen finden, etwas nicht sympathisch finden können

„Was hältst du denn davon, im nächsten Sommer mit dem Hausboot eine Flussfahrt zu machen?"
„Na ja, ehrlich gesagt kann ich mich für die Idee nicht so richtig erwärmen. Ich möchte lieber in die Berge zum Wandern gehen."

es herrscht Flaute

die Stimmung ist lustlos, Leistungen sind schwach; die Konjunktur ist sehr schwach

Im vergangenen Jahr war die Konjunktur in der Bauwirtschaft stark, aber dieses Jahr herrscht Flaute.

 ### heiß auf etwas/jemanden sein

große Lust auf etwas/jemanden haben

Nach einem langen Winter und einem kühlen Frühling ist nun endlich wieder Sommer. Wir sind ganz heiß darauf, wieder im Freibad schwimmen zu gehen.

jemanden überläuft es heiß und kalt

jemanden schaudert, jemand bekommt Angst;
jemand ist betroffen

Es überläuft ihn heiß und kalt, als die Ärztin ihm erklärt, was bei diesem Unfall alles hätte passieren können.

zu heiß gebadet haben

den Verstand verloren haben, spinnen; schlechte Laune
haben

„Machst du heute Überstunden?"
„Was? Du hast wohl zu heiß gebadet! Heute mache ich
pünktlich Feierabend. Ich bin nachher noch verabredet."

 bei jemandem hereinschneien

jemanden ohne Vorankündigung besuchen, unangemeldet
vorbeikommen

Ich mag es gar nicht, wenn deine Freunde einfach so
bei uns hereinschneien. Sag ihnen doch, dass sie vorher
anrufen sollen, dann kann ich mich auf ihren Besuch
einstellen.

vom Regen in die Traufe kommen

aus einer ohnehin schon schlimmen Lage in eine noch
schlimmere kommen

Jan hatte sich eine neue Arbeitsstelle gesucht, weil er
mehr Spaß bei der Arbeit haben wollte. Aber der neue Job
war noch langweiliger. Er war vom Regen in die Traufe
gekommen.

über seinen Schatten springen

sich überwinden, etwas zu tun, was einem nicht leichtfällt oder vor dem man Angst hat

Man sollte ab und zu über seinen Schatten springen und etwas tun, was man noch nie vorher gemacht hat. Das erweitert den eigenen Horizont.

 ## sich freuen wie ein Schneekönig

sich sehr freuen

„Steve hatte doch gestern fünfjähriges Firmenjubiläum, oder?"
„Ja, und alle Kolleginnen und Kollegen haben ihm gratuliert und ein Geschenk überreicht. Er hat sich gefreut wie ein Schneekönig!"

seine Fahne nach dem Wind hängen/drehen

sich um persönlicher Vorteile willen sehr schnell der herrschenden Meinung anschließen, opportunistisch sein

Die Politikerin ist dafür bekannt, dass sie konsequent ihre Position vertritt und nicht wie manche Regierungs-mitglieder ihre Fahne nach dem Wind hängt. Dafür wird sie von ihren Wählerinnen und Wählern geschätzt.

durch den Wind sein

geistig verwirrt, konfus sein

Annika ist frisch verliebt und völlig durch den Wind.
Sie kann sich nur schlecht auf ihre Arbeit konzentrieren.

jemandem den Wind aus den Segeln nehmen

jemandem den Grund für sein Vorgehen nehmen; jemandem
seine Argumente entziehen; jemanden entmutigen

Mein Nachbar hat mir gedroht, sich beim Vermieter zu
beschweren, weil ich letztes Wochenende eine laute
Party gefeiert habe. Ich werde ihm aber den Wind aus
den Segeln nehmen und mich bei ihm entschuldigen.

– über seinen Schatten springen –

1 Denken Sie sich warm!

Welche Redewendung passt zu welcher Entsprechung?
Tragen Sie den passenden Buchstaben in das Kästchen ein!

1. ☐ *das Eis brechen*

2. ☐ *bei jemandem hereinschneien*

3. ☐ *von Tuten und Blasen keine Ahnung haben*

4. ☐ *etwas auf Eis legen*

a. etwas unterbrechen **b.** von einer Sache nichts verstehen
c. jemanden ohne Vorankündigung besuchen **d.** die Stimmung auflockern

2 Tragen Sie die richtige Lösung in das Kästchen ein!

1. In der Zeitung lesen Sie „*Die Polizei tappt im Dunkeln.*"
   Was bedeutet dieser Satz? **Lösung** ☐

   a. Die Polizei arbeitet am liebsten nachts.
   b. Bei der Polizei gab es einen Stromausfall.
   c. Die Polizei weiß noch nichts Genaues.

2. Sie können sich auf nichts konzentrieren. Was antworten
   Sie auf die Frage, wie es Ihnen geht? **Lösung** ☐

   a. *Ich blase Trübsal!*
   b. *Ich bin total durch den Wind!*
   c. *Ich habe zu heiß gebadet!*

3 Welche Redewendung passt? Ergänzen Sie!

1. Nachdem Lars ein Jahr in Asien gelebt hatte, war er bei seiner Rückkehr nach Deutschland total ⬚ deutsches Bier. Das hatte er schon lange nicht mehr getrunken.

2. Wir hatten eine so tolle Sommerparty in unserem Garten geplant, aber dann wurde ein Gewitter vorhergesagt und wir mussten ⬚ .

3. Für die Idee, ein Haus zu kaufen, kann ich ⬚ . Lieber wohne ich zur Miete und bin dafür unabhängiger.

4. „Stell dir vor: Ich habe meine Kollegin gefragt, ob sie mit mir was trinken geht, aber sie hat ⬚ und nein gesagt." „Na, dann lass uns beide doch was trinken gehen!"

a. *mich nicht erwärmen* b. *heiß auf* c. *alles abblasen*
d. *mich abblitzen lassen*

4 Kreuzen Sie das richtige Wort an!

1. vom ⬚ *Regen* ⬚ *Schnee* ⬚ *Hagel* in die Traufe kommen

2. jemandem den ⬚ *Orkan* ⬚ *Wind* ⬚ *Regen* aus den Segeln nehmen

3. über seinen Schatten ⬚ *rollen* ⬚ *steigen* ⬚ *springen*

4. sich freuen wie ein ⬚ *Schneeprinz* ⬚ *Schneekönig* ⬚ *Schneekaiser*

Trautes Heim

den Teufel an die Wand malen
negativ denken; ein Unglück heraufbeschwören,
indem man davon spricht

zwischen Tür und Angel

in Eile, ohne genügend Zeit zu haben; im Weggehen

Für das Thema sollten wir genügend Zeit haben.
Das können wir nicht zwischen Tür und Angel klären.

 ## durch die Bank

durchweg, ohne Ausnahme; ohne Unterschied

Das Gemüse, das man auf dem Wochenmarkt kaufen
kann, ist durch die Bank frisch. Es wird erst einen Tag
zuvor geerntet.

etwas auf die lange Bank schieben

etwas Unangenehmes aufschieben/hinauszögern

„Warst du immer noch nicht beim Zahnarzt? Du hast
doch schon seit drei Tagen starke Zahnschmerzen.“
„Nein, ich habe Angst vor dem Zahnarztbesuch.
„Du solltest das aber nicht auf die lange Bank schieben,
sonst werden die Schmerzen noch schlimmer!“

 ## ein Bild für die Götter sein

ein lächerlicher, komischer, grotesker Anblick sein; schön
anzuschauen sein, einen wunderschönen Anblick bieten

Als mein Mann an seinem Geburtstag von der Arbeit
nach Hause kam und er vor Überraschung über die
spontan organisierte Party mit weit geöffnetem Mund in
der Tür stand, war das wirklich ein Bild für die Götter!

im Bilde sein

genau Bescheid wissen, informiert sein

„Willst du wissen, was gestern passiert ist?"
„Ich bin schon längst im Bilde. Meine Tochter hat mir bereits alles erzählt."

von der Bildfläche verschwinden

rasch und unauffällig verschwinden; aus der Öffentlichkeit verschwinden

Die Schauspielerin feierte vor zwanzig Jahren große Erfolge. Sie war eine der bekanntesten Schauspielerinnen Frankreichs. Doch plötzlich verschwand sie von der Bildfläche, und heute kennt sie fast niemand mehr.

ein Fass aufmachen

etwas Übermütiges tun; viel Aufhebens machen; eine Auseinandersetzung beginnen

Ich bin ein gutmütiger Typ. Wegen so einer Lappalie mache ich kein Fass auf. Das Problem wird sich schon irgendwie lösen.

ein Fass ohne Boden

etwas, in das vergeblich immer wieder Geld investiert werden muss

Das Haus, das wir gekauft haben, ist leider ein Fass ohne Boden. Wir müssen mehr renovieren, als wir dachten, denn alles ist alt und marode.

etwas aus dem Boden stampfen

etwas aus dem Nichts erschaffen; etwas schnell bauen

Die Supermarktkette baut überall neue Filialen. Sogar auf dem Land stampft sie an jeder Ecke einen Laden aus dem Boden.

jemandem den Boden unter den Füßen wegziehen

jemandem seine Existenzgrundlage nehmen, jemanden ruinieren, jemanden schädigen

Das vergangene Jahr war für Martin ein Jahr voller Schicksalsschläge. Erst trennte sich seine Frau von ihm, dann verlor er seine Arbeit. Das zog ihm den Boden unter den Füßen weg. Es geht ihm immer noch sehr schlecht.

etwas unter Dach und Fach bringen

etwas glücklich abschließen / erledigen; etwas in Sicherheit bringen

Katharina ist überglücklich: Nach über einem Jahr hat sie das Projekt endlich unter Dach und Fach gebracht. Auch die Kunden sind äußerst zufrieden.

 ### jemandem aufs Dach steigen

jemanden ausschimpfen, zurechtweisen, tadeln

Wenn du jetzt nicht endlich dein Zimmer aufräumst, steige ich dir gleich aufs Dach!

an die Decke gehen
sehr wütend, zornig werden

Mein Cousin versucht immer wieder, mich zu provozieren. Jedes Mal, wenn er mir diesen Unsinn erzählt, könnte ich an die Decke gehen!

 vor Freude an die Decke springen
sich sehr freuen

Als ich die Zusage für den Studienplatz bekam, bin ich vor Freude fast an die Decke gesprungen. Ich kann mein Glück noch gar nicht begreifen.

Immer gelassen bleiben!

Natürlich: Wir alle möchten uns nicht ärgern, und streiten möchten wir auch nicht. In manchen Situationen aber werden wir so wütend, dass wir *an die Decke gehen* könnten. Da hilft es, tief durchzuatmen und an etwas Schönes zu denken oder etwas zu tun, was einem Freude macht. Aber Achtung: Im Deutschen treibt es uns nicht nur im Ärger Richtung Decke. Wenn Sie gute Nachrichten erhalten, möchten Sie vielleicht auch *vor Freude an die Decke springen*!

jemandem fällt die Decke auf den Kopf

sich zu Hause langweilen, sich Geselligkeit wünschen; sich in einem Raum beengt fühlen

„Jetzt sitze ich schon seit zwei Tagen zu Hause. Mir fällt die Decke auf den Kopf!"
„Dann lass uns doch gemeinsam etwas unternehmen! Hast du Lust auf eine Fahrradtour?"

 mit jemandem unter einer Decke stecken

mit jemandem die gleichen (schlechten) Ziele verfolgen, gemeinsame Sache machen

Es ist klar, dass der Zeuge nichts Negatives aussagen wird, denn er steckt mit dem Angeklagten unter einer Decke. Die beiden kennen sich schon von ihrer ersten Gefängnisstrafe.

 eine Leiche im Keller haben

etwas Schlimmes getan haben, was noch nicht entdeckt wurde

Ich kann mir gut vorstellen, dass unser Bürgermeister noch die eine oder andere Leiche im Keller hat. Vor zwei Jahren war er bereits in einen Skandal verwickelt.
Ich glaube, er ist ein unehrlicher Mensch und hat schon in der Vergangenheit so manches krumme Ding gedreht.

sich die Klinke in die Hand geben

kurz hintereinander / in großer Zahl erscheinen

Die Sachbearbeiterin auf dem Amt hatte heute viel zu tun. Es war so voll wie noch nie, die Kundinnen und Kunden gaben sich die Klinke in die Hand.

 ## eine lange Leitung haben

etwas nur langsam verstehen, begriffsstutzig sein / schwer von Begriff sein

Miriam hat gestern Abend wieder viele Witze erzählt, wir haben ohne Ende gelacht. Nur Roland hat immer erst gelacht, wenn wir schon aufgehört hatten. Du weißt ja, dass er eine lange Leitung hat.

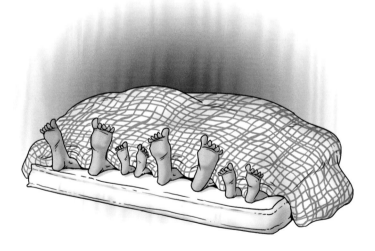

– mit jemandem unter einer Decke stecken –

jemandem die Stange halten

jemanden bei Problemen nicht alleine / im Stich lassen,
für jemanden eintreten und fest zu ihm stehen

„Meine Frau und meine Kinder haben mich verlassen.
Jetzt bin ich ganz alleine und weiß absolut nicht, wie es
weitergehen soll. Ich bin so traurig."
„Mach dir keine Sorgen! Ich werde dir die Stange halten
und für dich da sein."

etwas aufs Tapet bringen

etwas ansprechen, etwas zur Sprache bringen

Ich weiß, dass es sich um ein schwieriges Thema handelt.
Aber wir sollten es trotzdem aufs Tapet bringen.

den Teufel an die Wand malen

negativ denken; ein Unglück heraufbeschwören, indem man
davon spricht

„Hoffentlich haben Tim und Maike keinen Autounfall.
Heutzutage passiert doch so viel auf den Straßen!"
„Na, wir wollen mal nicht den Teufel an die Wand
malen! Beide sind vorsichtige Fahrer. Sie kommen
bestimmt gut an."

nicht alle Latten am Zaun haben

nicht bei klarem Verstand sein, verrückt sein

Frau Müller hat wohl nicht alle Latten am Zaun! Sie hat 3000 Packungen Kopierpapier bestellt. So viel brauchen wir doch im ganzen Jahr nicht!

einen Streit vom Zaun brechen

einen Streit plötzlich beginnen / heraufbeschwören

Veit scheint sich gerne zu streiten. Immer wieder bricht er einen Streit vom Zaun und verdirbt uns allen damit die Laune. Beim nächsten Mal lade ich ihn nicht mehr ein.

Immer schön friedlich!

Besitzen Sie ein Haus oder einen Garten? Dann haben Sie vielleicht auch einen Zaun. Viele Deutsche haben jedenfalls einen Zaun, um ihr Haus oder ihren Garten vor neugierigen Nachbarn zu schützen. Der Zaun erfüllt also eine friedenstiftende Funktion. Manchmal passiert aber auch das Gegenteil und jemand beginnt, *einen Streit vom Zaun zu brechen.* Sagen Sie dann besser nicht zu Ihrem Gegenüber, dass er oder sie *nicht alle Latten am Zaun* hat, denn das klingt grob und beleidigt die Person, mit der Sie sprechen.

1 Mitgedacht ...

Welche Redewendung passt zu welcher Entsprechung?
Tragen Sie den passenden Buchstaben in das Kästchen ein!

1. ☐ *eine Leiche im Keller haben*

2. ☐ *im Bilde sein*

3. ☐ *an die Decke gehen*

4. ☐ *etwas aufs Tapet bringen*

a. etwas ansprechen **b.** etwas Schlimmes getan haben,
was noch nicht entdeckt wurde **c.** genau Bescheid wissen
d. sehr wütend, zornig werden

2 Tragen Sie die richtige Lösung in das Kästchen ein!

1. Wenn jemand *eine lange Leitung hat*, dann ...
   Lösung ☐

   a. ... ist er Heimwerker.
   b. ... versteht er etwas nur langsam.
   c. ... hat er ein langes Fernsehkabel.

2. Sie langweilen sich zu Hause und möchten etwas
   unternehmen. Was sagen Sie? **Lösung** ☐

   a. *Ich verschwinde von der Bildfläche!*
   b. *Ich male den Teufel an die Wand!*
   c. *Mir fällt die Decke auf den Kopf!*

3 Welche Redewendung passt? Ergänzen Sie!

1. Bei Wohnungsbesichtigungen kommen meistens viele Menschen. Sie ☐ .

2. In unserer Stadt entstehen immer mehr teure Immobilien. Ausländische Investoren haben im letzten Jahr viele Häuser ☐ .

3. Musst du eigentlich immer ☐ ? Wir hatten so einen schönen Abend, und du verdirbst uns die Stimmung!

4. „Wenn Ihr Hund noch einmal in meinen Garten kackt, dann rufe ich die Polizei!"
   „Ach, sie haben doch ☐ !"

a. *einen Streit vom Zaun brechen* **b.** *aus dem Boden gestampft* **c.** *nicht alle Latten am Zaun* **d.** *geben sich die Klinke in die Hand*

4 Kreuzen Sie das richtige Wort an!

1. ☐ *über* ☐ *durch* ☐ *hinter* die Bank

2. ☐ *eine Flasche* ☐ *ein Glas* ☐ *ein Fass* ohne Boden

3. jemandem aufs Dach ☐ *steigen* ☐ *laufen* ☐ *springen*

4. etwas auf die ☐ *breite* ☐ *kurze* ☐ *lange* Bank schieben

5. zwischen ☐ *Schrank* ☐ *Tür* ☐ *Tisch* und Angel

Der alltägliche Wahnsinn

nicht mehr alle Tassen im Schrank haben
verrückt sein, nicht recht bei Verstand sein

jemandem etwas abknöpfen

jemandem etwas wegnehmen, ohne dass er sich dagegen wehren kann

Ich wollte eigentlich nur ein neues Smartphone kaufen, aber der Verkäufer hat so lange auf mich eingeredet, dass ich jetzt auch noch einen Vertrag habe. Jetzt können sie mir monatlich 50 Euro abknöpfen. Das wollte ich gar nicht!

etwas aus dem Ärmel schütteln

etwas mit Leichtigkeit (be)schaffen oder tun

Luisa kennt sich in ihrem Thema so gut aus und ist noch dazu eine tolle Rednerin, dass sie einen Vortrag mal eben aus dem Ärmel schüttelt. Sie braucht ihn gar nicht groß vorzubereiten.

 etwas ausbaden müssen

die Konsequenzen einer Sache tragen, die man selbst verursacht hat oder die andere verursacht haben

Stefan ist ziemlich sauer: Schon wieder hat seine Kollegin Rechnungen mit falschen Beträgen verschickt, und jetzt rufen die Kunden bei ihm an und beschweren sich. Immer muss er ihre Fehler ausbaden!

nur Bahnhof verstehen

etwas nicht richtig verstehen; überhaupt nichts verstehen

„Salut, mon amour, comment vas-tu?"
„Hä, was ist los? Ich verstehe nur Bahnhof!"

 dastehen wie bestellt und nicht abgeholt

verloren und ratlos dastehen; noch immer warten

Du bist viel zu spät! Ich warte schon so lange auf dich
und stehe hier herum wie bestellt und nicht abgeholt.

alles durch eine rosarote Brille sehen

alles viel zu optimistisch sehen; naiv sein

Wenn man verliebt ist, dann sieht man alles durch eine
rosarote Brille. Man denkt, dass der Partner perfekt ist.
Die Fehler erkennt man erst später.

 allerhöchste Eisenbahn sein

allerhöchste Zeit sein, schon fast zu spät sein

Nun beeil dich doch mal! Es ist allerhöchste Eisenbahn!
Gleich ist Boarding, wir verpassen sonst noch unser
Flugzeug.

den Faden verlieren

den grundlegenden Gedanken beim Reden verlieren, plötzlich nicht mehr weiterwissen

„Also, es sprechen doch viele Argumente für eine ökologische Landwirtschaft. Es gibt keine Pestizide, die Tiere müssen nicht leiden, das Wasser bleibt sauber und .... äh ... jetzt habe ich den Faden verloren. Ich weiß gerade nicht mehr, was ich sagen wollte."
„Ach, es fällt dir bestimmt gleich wieder ein."

nach Strich und Faden

vollständig, gründlich

Mira und John hatten in den letzten Wochen sehr viel gearbeitet und kaum Zeit füreinander gehabt. Jetzt wollten sie sich ein ganzes Wochenende lang im Wellness-Hotel nach Strich und Faden verwöhnen lassen.

alle Fäden fest in der Hand haben/halten

eine Sache allein lenken und überschauen, entscheidenden Einfluss ausüben

Die Bundeskanzlerin hielt auch nach 12 Jahren Regierungsamt alle Fäden in der Hand. Sie war noch immer die mächtigste Politikerin des Landes.

Geld auf die hohe Kante legen
sparen, Geld für später zurücklegen

Meine Oma konnte bis zum Schluss ein gutes Leben führen. Sie und mein Opa hatten früh genug angefangen, Geld auf die hohe Kante zu legen.

 ## sich wie gerädert fühlen
sich sehr erschöpft fühlen, völlig erledigt sein

Ich habe die ganze Nacht gehustet und konnte kaum schlafen. Ich fühle mich wie gerädert.

Immer mit der Ruhe!

Haben Sie manchmal nicht genug Zeit eingeplant und sind spät dran? Dann wird es *allerhöchste Eisenbahn,* auch wenn Sie gar nicht zum Bahnhof wollen, sondern mit dem Bus oder mit dem Auto fahren. Das leuchtet Ihnen nicht ein? Hier kommt der Bahnhof schon wieder ins Spiel: Offensichtlich *verstehen Sie nur Bahnhof.* Das ist alles sehr verwirrend? Immer mit der Ruhe: *Der Zug ist noch nicht abgefahren* – es ist nie zu spät zum Lernen!

den Gürtel enger schnallen
sich in seinen Bedürfnissen einschränken; weniger Geld ausgeben

Leider hat unser Unternehmen in diesem Jahr weniger Umsatz gemacht. Daher können wir unseren Mitarbeitern keine Boni zahlen. Sie müssen den Gürtel enger schnallen.

alles unter einen Hut bringen
mehrere Dinge gleichzeitig machen wollen; alles in Einklang/Übereinstimmung bringen; sich einigen

Bei der Mitgliederversammlung war es schwierig, alle Interessen unter einen Hut zu bringen. Schließlich einigte man sich auf einen Kompromiss.

auf der Hut sein
vorsichtig sein, sich in Acht nehmen

Wenn du einen Anruf bekommst und diese Nummer auf deinem Display siehst, solltest du auf der Hut sein. Das ist ein Werbeanruf. Sie wollen dir einen neuen Stromtarif verkaufen.

nicht alle / nicht alles über einen Kamm scheren
nicht alle / nicht alles gleich behandeln

„Männer können gar nicht richtig lieben."
„Du solltest nicht alle Männer über einen Kamm scheren. Manche sind anders. Gib ihnen eine Chance!"

aus dem Koffer leben

(aus beruflichen Gründen) viel/dauernd unterwegs sein

Im letzten Jahr war ich ständig für die Firma unterwegs.
Ich bin durch ganz Deutschland gereist und war fast nie
zu Hause. Jetzt möchte ich aber nicht mehr aus dem
Koffer leben und lieber wieder im Innendienst arbeiten.

auf seine Kosten kommen

zufrieden sein, in seinen Erwartungen zufriedengestellt werden

Auf dem letzten Betriebsfest gab es ein großes Buffet,
eine tolle Live-Band und eine super Stimmung. Alle, die
da waren, sind auf ihre Kosten gekommen.

Kein alter Hut

Gewiss: Hüte werden heute nicht mehr allzu oft getragen.
In deutschen Redewendungen findet man sie aber noch
recht häufig. Zum Beispiel, wenn Sie vieles auf einmal
machen möchten, dann wollen Sie *alles unter einen Hut*
bekommen. Ziehen Sie vor jemandem den Hut oder sagen
zu ihm *Hut ab*!, dann zeigen Sie ihm Ihren Respekt. Das
Gegenteil ist der Fall, wenn Sie zu jemandem sagen, dass
er *sich etwas an den Hut stecken* kann, denn damit weisen
Sie ihn und sein Angebot verächtlich zurück. Achten Sie
also auf die richtige Formulierung!

nicht in den Kram passen

nicht zum Rest / nicht zur allgemeinen Situation passen; nicht gelegen kommen

Es passt mir überhaupt nicht in den Kram, dass meine Schwester am Wochenende mit ihrer Familie zu Besuch kommen möchte. Ich hatte mir eigentlich vorgenommen, mit meiner Freundin zum Skifahren in die Berge zu gehen. Jetzt muss ich zu Hause bleiben.

 den Laden schmeißen

alles organisieren; dafür sorgen, dass alles reibungslos funktioniert

„Ich habe Angst, dass die Firma ohne Papa bald pleite- gehen wird."
„Ach was, Mama schmeißt den Laden schon alleine. Da mache ich mir keine Sorgen."

 jemandem durch die Lappen gehen

jemandem entgehen, jemand verpasst etwas

Christina war letzte Woche krank, dadurch ist ihr leider ein sehr gutes Geschäft durch die Lappen gegangen.

jemanden ans Messer liefern

jemanden verraten, jemanden seinen Verfolgern ausliefern

Der Verdächtige legte bei der Gerichtsverhandlung ein Geständnis ab und benannte andere Mittäter. Damit lieferte er seine Komplizen der Justiz ans Messer.

(ugs.) **unters Messer kommen**

operiert werden

Unser Vater leidet schon lange an dieser Krankheit
und hatte schon mehrere Operationen. Morgen kommt
er erneut unters Messer. Hoffentlich läuft alles gut.

– den Laden schmeißen –

sein Päckchen zu tragen haben

seine Sorgen haben, seine Bürde zu tragen haben

Ich habe jede Menge Sorgen: Ich habe Schulden, meine Tochter ist schlecht in der Schule und gesund bin ich auch nicht. Aber ich bin ja nicht der einzige, andere Menschen haben auch ihr Päckchen zu tragen.

 ### jemanden in die Pfanne hauen

jemanden zurechtweisen und erniedrigen, jemanden hart kritisieren; jemanden verraten; jemandem schaden

Du hast mich gestern beim Chef ja ganz schön in die Pfanne gehauen. Das finde ich nicht in Ordnung. Wenn es ein Problem gibt, kannst du in Zukunft direkt mit mir darüber sprechen.

 ### sich am Riemen reißen

sich zusammennehmen und sehr anstrengen, um etwas noch zu erreichen / zu schaffen; durchhalten

Karla hatte keine Lust mehr zu lernen, denn die Prüfungsphase dauerte nun schon so lange. Sie musste sich ganz schön am Riemen reißen, um sich weiter auf das Lernen zu konzentrieren. Aber sie wollte die Prüfungen ja bestehen.

jemandem einen Strich durch die Rechnung machen

jemandem ein Vorhaben unmöglich machen

Letzten Sonntag wollten wir eigentlich mit Freunden ein Picknick am See machen, aber das Wetter hat uns einen Strich durch die Rechnung gemacht. Schon am Sonntagmorgen fing es an zu regnen.

 ## nicht mehr alle Tassen im Schrank haben

verrückt sein, nicht recht bei Verstand sein

Mein Nachbar wäscht jede Woche sein Auto, sogar wenn es draußen unter null Grad ist. Der hat doch nicht mehr alle Tassen im Schrank!

alle/alles in einen Topf werfen

nicht unterscheiden, nicht differenzieren; wesentliche Unterschiede missachten, alles gleichsetzen/verallgemeinern

Natalia ist der Meinung, dass man keine Haustiere halten sollte. Aber ich finde, dass man nicht alles in einen Topf werfen darf. Katzen kann man problemlos in der Wohnung halten, und sie können auch gut alleine sein.

 ## der Zug ist abgefahren

es ist zu spät für etwas

Du hast den Bericht erst jetzt fertig geschrieben? Die Abgabefrist war doch schon letzte Woche. Der Zug ist abgefahren!

1 Auszeit vom Alltag!

Welche Redewendung passt zu welcher Entsprechung?
Tragen Sie den passenden Buchstaben in das Kästchen ein!

1. ☐ *auf der Hut sein*

2. ☐ *unters Messer kommen*

3. ☐ *jemandem durch die Lappen gehen*

4. ☐ *alles in einen Topf werfen*

a. operiert werden **b.** jemandem entgehen **c.** nicht unterscheiden / nicht differenzieren **d.** vorsichtig sein

2 Tragen Sie die richtige Lösung in das Kästchen ein!

1. Ihr Sohn sagt in einem Gespräch plötzlich: „*Ich habe den Faden verloren.*" Was will er damit sagen? **Lösung** ☐

   a. Ein Faden hängt aus seiner Hose.
   b. Er weiß nicht mehr, was er sagen wollte.
   c. Er möchte einen Nähkurs machen.

2. Sie haben zwölf Stunden am Stück gearbeitet und sind völlig erledigt. Was antworten Sie auf die Frage, wie es Ihnen geht? **Lösung** ☐

   a. *Ich habe nicht mehr alle Tassen im Schrank.*
   b. *Ich habe mein Päckchen zu tragen.*
   c. *Ich fühle mich wie gerädert.*

3 Welche Redewendung passt? Ergänzen Sie!

1. Ich glaube, Susannes neuer Freund will nur ihr Geld.
   Aber sie ist ja total verliebt und ☐ .

2. Die Regierung sagt, dass sie sparen muss. Alle Bürger des
   Landes müssen nun ☐ .

3. In Diskussionen vertreten alle ihre eigenen Interessen. Es
   ist schwierig, alle Meinungen ☐ .

4. Der Referent benutzt viel zu viele Fremdwörter. Ich ☐ !

a. *verstehe nur Bahnhof*   b. *unter einen Hut zu bringen*
c. *sieht alles durch eine rosarote Brille*   d. *den Gürtel enger*
schnallen

4 Kreuzen Sie das richtige Wort an!

1. jemanden in die Pfanne ☐ *werfen* ☐ *hauen*
   ☐ *schlagen*

2. Geld auf die ☐ *hohe* ☐ *höchste* ☐ *niedrige* Kante
   legen

3. etwas aus dem ☐ *Mantel* ☐ *Ärmel* ☐ *Hemd*
   schütteln

4. allerhöchste ☐ *U-Bahn* ☐ *Straßenbahn* ☐ *Eisen-*
   bahn sein

5. etwas ☐ *ausbaden* ☐ *ausschwimmen* ☐ *aus-*
   tauchen müssen

Register

Alle Redewendungen sind alphabetisch nach dem Hauptstichwort des jeweiligen Ausdrucks sortiert.

Lösungen

Kapitel 1: Reine Kopfsache
Übung 1: 1 c, 2 a, 3 b, 4 d
Übung 2: 1 b, 2 c
Übung 3: 1 a, 2 d, 3 b, 4 c
Übung 4: 1 *kühlen*, 2 *Nagel*, 3 *Wand*, 4 *durch*, 5 *zerbrechen*

Kapitel 2: Tierisch gut!
Übung 1: 1 a, 2 d, 3 b, 4 c
Übung 2: 1 b, 2 c
Übung 3: 1 d, 2 a, 3 c, 4 b
Übung 4: 1 *Fliegen*, 2 *Perlen*, 3 *gehen*, 4 *im Sack*

Kapitel 3: Am eigenen Leib
Übung 1: 1 d, 2 c, 3 a, 4 b
Übung 2: 1 a, 2 c
Übung 3: 1 c, 2 a, 3 d, 4 b
Übung 4: 1 *Nase*, 2 *saugen*, 3 *kriegen*, 4 *Bauch*, 5 *ziehen*

Kapitel 4: In der Natur der Sache
Übung 1: 1 c, 2 b, 3 d, 4 a
Übung 2: 1 c, 2 a
Übung 3: 1 c, 2 b, 3 d, 4 a
Übung 4: 1 *Wald*, 2 *über*, 3 *schweben*, 4 *Holzweg*, 5 *Blatt*

Kapitel 5: Gefundenes Fressen

Übung 1: 1 b, 2 a, 3 d, 4 c

Übung 2: 1 b, 2 c

Übung 3: 1 c, 2 d, 3 a, 4 b

Übung 4: 1 *sauren*, 2 *Butter*, 3 *raspeln*, 4 *Wassern*, 5 *fett*

Kapitel 6: Seefahrt ahoi!

Übung 1: 1 b, 2 d, 3 c, 4 a

Übung 2: 1 c, 2 a

Übung 3: 1 d, 2 b, 3 a, 4 c

Übung 4: 1 *Schiff*, 2 *dicht*, 3 *werfen*, 4 *sehen*, 5 *den Sack*

Kapitel 7: Bei Wind und Wetter

Übung 1: 1 d, 2 c, 3 b, 4 a

Übung 2: 1 c, 2 b

Übung 3: 1 b, 2 c, 3 a, 4 d

Übung 4: 1 *Regen*, 2 *Wind*, 3 *springen*, 4 *Schneekönig*

Kapitel 8: Trautes Heim

Übung 1: 1 b, 2 c, 3 d, 4 a

Übung 2: 1 b, 2 c

Übung 3: 1 d, 2 b, 3 a, 4 c

Übung 4: 1 *durch*, 2 *ein Fass*, 3 *steigen*, 4 *lange*, 5 *Tür*

Kapitel 9: Der alltägliche Wahnsinn

Übung 1: 1 d, 2 a, 3 b, 4 c

Übung 2: 1 b, 2 c

Übung 3: 1 c, 2 d, 3 b, 4 a

Übung 4: 1 *hauen*, 2 *hohe*, 3 *Ärmel*, 4 *Eisenbahn*, 5 *ausbaden*